唐浩明評點
曾國藩語録

三

處世

原文　以寬厚之心待人

近來聞好友甚多，予不欲先去拜別人，恐徒標榜虛聲。蓋求友以匡己之不逮，此大益也，標榜以盜虛名，是大損也。天下有益之事，即有足損者寓乎其中，不可不辨。

凡有借我錢者，皆光景甚窘之人。此時我雖窘迫，亦不必向人索取。

凡與人交際，當求其誠信之素孚，求其協助，當亮其力量所能爲。弟每求人，好開大口，尚不能脱官場陋習。余本不敢開大口，而人亦不能一一應付，但略亮我之誠實耳。

媢嫉傾軋，從古以來共事者，皆所不免。吾輩當躬自厚而薄責於人耳。

悠悠之口，本難盡信，然君子愛惜聲名，常存冰淵惴惴之心。蓋古今因名望之劣而獲罪者極多，不能不慎修以遠罪。吾兄弟於有才而無德者，亦當不没其長而稍遠其人。

大抵清議所不容者，斷非一口一疏所能挽回，祇好徐徐以待其自定。近世保人，亦有多少爲難之處。有保之而旁人不以爲然，反累斯人者。有保之而本人不以爲德，反成讎隙者。余閱世已深，即薦賢亦多顧忌，非昔厚而今薄也。

末世好以不肖之心待人，欲媒孽老弟之短者，必先説與阿兄不睦。吾常常欲弟檢點者，即所以杜小人之讒口也。

譯文

近來聽説好的朋友很多，我不想先去拜訪別人，擔心祇是靠標榜來獲得虛名聲。這是因爲交朋友是要藉以匡正自己的不是之處，這纔是有大益，而靠標榜來盜得虛名聲，這是有大損。天下有益的事中便寓有足以損傷的事，不可不辨。

凡向我借銀錢的人，都是光景窘迫的人。現在我雖窘迫，也不必向別人去索取。

凡與人打交道，應當看重他的一向講誠信，請人幫助，應當視其力量的能否作爲。弟每次求人，喜好開大口，還不能脱離官場的陋習。我本來就是不敢開大口的人，而別人也不能對我一一應付，但能略微體諒我的誠實。

嫉妒傾軋，自古以來共事者都難免。我們應當責己厚而責人薄。

悠悠之口，本難完全相信，但君子愛惜名聲，常常存着臨深履薄的心態。這是因爲古今因名望的惡劣而獲罪者很多，不能不謹慎修身藉以遠離罪惡。我們兄弟對於有才而無德的人，也應當不埋没他的長處而稍稍疏遠這個人。

大致説來清議所不能寬容的，絕對不是一個人的話一道奏疏所能挽回的，衹好慢慢地等待它自己來平息。近世保舉人，也有很多爲難的地方。有保舉一個人別人却不以爲然，反而連累此人的。有保舉一個人而本人不認爲是恩德，反而成讎怨的。我閱世已很深，即使是保薦賢才也多顧忌，並不是過去厚道而現在刻薄。

處在混亂世道的人好以不肖之心待人，想要尋找老弟的短處的，則必定先説他與老兄不和睦。我常常希望弟能檢點，也就是藉以杜絕小人的讒言挑撥。

評點

此處所抄録的這幾段話，均出自家書。有寫給弟弟的，也有寫給兒子的，説的都是與人相處的態度，無論是不向借錢者索賬、不求無力者幫忙，還是厚責己薄責人、慎修以遠罪、自我檢點等等，都體現的是一種以寬厚之心待人的態度。筆者以爲，這是人與人相處最宜提倡的姿態。

原文　用人聽言皆難

用人極難，聽言亦殊不易，全賴見多識廣，熟思審處，方寸中有一定之權衡。

譯文

用人非常難，聽取別人的建言也極不容易，完全依賴見多識廣，反覆思考而慎重對待，自己心中有一個固定的權衡標準。

評點

曾氏以知人著稱於世，此處談的便是他知人學問中的一個方面。

原文　盛時預爲衰時想

凡官運極盛之時，子弟經手公事格外順手，一倡百和，然閒言即由此起，怨謗即由此興。吾兄弟當於極盛之時預作衰時設想，當盛時百事平順之際，預爲衰時拂逆地步。弟此後若到長沙、衡州、湘鄉等處，總以不干預公事爲第一義。

譯文

凡是官運極盛的時候，子弟辦起公事來都格外順手，一倡百和，但是閒言雜語也便由此而起，怨恨誹謗也便由此而興。我們兄弟在極盛的時候，要預先作衰落時的設想，在興盛時百事順利的情況下，預先想到衰落時處處不順利的地步。弟此後若到長沙、衡州、湘鄉縣城等地，總以不干預公事爲第一義。

評點

在家的曾四爺將赴衡州城經營捐米之事，曾氏得知後給他寫了這段話，勸他不要參與地方官府的這類公事。曾四爺在家鄉辦各種事情都很順利，這是因爲他有兩個有權有勢的兄弟。在順利的表象下，必定伏有閒言怨謗。當權勢旺時它不出來，權勢衰時便都出來了。許多人看不到這一層，盛時任意亂來，給自己埋下隱患，後來吞食苦果時已悔之晚矣。曾氏這段話，可爲一切得意走紅者的清涼劑。

原文 成事的動力：貪利激逼

天下事無所爲而成者極少，有所貪有所利而成者居其半，有所激有所逼而成者居其半。

譯文

天下的事情，從事者無所求而成功者極少，因爲從事者本人的貪心和想得到利益，而使事情成功的居其中之一半，因爲受刺激受逼迫而使事情成功的居其中之一半。

評點

湘鄉修縣誌，推舉家居的曾紀澤爲頭。曾紀澤感到有點爲難，怕文章寫不好失面子。曾氏便寫了這段話鼓勵兒子，說『爾憚於作文，正好藉此逼出幾篇』。曾氏這話雖是對兒子所說，却很有普遍意義。他分析人成事的動力，有四個方面：貪、利、激、逼。雖不全面，且『一半』之說稍嫌武斷，却基本上接近事物的本相。他自己曾對幕僚趙烈文坦言，他當年大辦湘軍就是被湖南文武官場的刺激逼出來的，別人都說他不行，他就偏要做出個樣子來讓大家看看！

原文 君子不謂命

竹如言交情有天有人，凡事皆然。然人定亦可勝天，不可以適然者委之數，如知人之哲，友朋之投契，君臣之遇合，本有定分，然亦可以積誠而致之，故曰：『命也，有性焉，君子不謂命也。』

譯文

吴竹如說過，在交朋友這方面，有天意安排也有人事爲之，凡事都這樣。但人定也可以勝天，不可以完全交給天數。如知人上的睿智，與朋友之間的投合，君臣之間的遇合，原本有定數，然而也可以積纍誠意而得到，故而說：『屬於命運，但也有天性在起作用，所以君子不把它歸於命運一類。』

評點

世間凡大一點的事，其成與敗，都有『天與人』兩個因素在共同起着作用。有些事，『天』的影響大一些；有些事，『人』的作爲大一些。筆者認爲，對於前者，則宜採取盡人事而聽天命的態度；對於後者，則宜取人定勝天的態度。

原文　不要求取回報

天下事一一責報，則必有大失所望之時。佛氏因果之説，不可盡信，亦有有因而無果者。憶蘇子瞻詩云：『治生不求富，讀書不求官。譬如飲不醉，陶然有餘歡。』吾更爲添數句云：『治生不求富，讀書不求官。修德不求報，爲文不求傳。譬如飲不醉，陶然有餘歡。中含不盡意，欲辨已忘言。』

譯文

天下的事要想一一都有回報，則必定會有大失所望的時候。佛教的因果之説不可盡信，也有有因而無果的。想起蘇東坡的詩：『治生不求富，讀書不求官。譬如飲不醉，陶然有餘歡。』我在此基礎上再添幾句：『治生不求富，讀書不求官。修德不求報，爲文不求傳。譬如飲不醉，陶然有餘歡。中含不盡意，欲辨已忘言。』

評點

人之所以失望，是因爲有望，若此望大，則失望也大，故而去失望的釜底抽薪之法，是不要有過多過大的希望。不求取回報，此之謂也。

原文　思得一二好友

安得一二好友，胸襟曠達、蕭然自得者，與人相處，砭我之短。其次則博學能文、精通訓詁者，亦可助益於我。

譯文

多麼想得到一二個好朋友，他們胸襟曠達、蕭然自得，能够指出我在與人相處時的短處。或者稍次一點，他們博學能文、精通訓詁，也可於我有幫助。

評點

從這段日記中可看出，曾氏很渴望能有在胸襟上給他以開啓的朋友。曾氏很看重胸襟，他曾多次説過『人生做事仗的是胸襟』的話。

原文　以厚實矯世之澆薄浮僞等

讀書之道，以胡氏之科條論之，則經義當分小學、理學、詞章、典禮四門，治事當分吏治、軍務、食貨、地理四門。

凡做好人，做好官，做名將，俱要好師，好友，好榜樣。

當今之世，富貴無所圖，功名亦斷難就。惟有自正其心，以維風俗，或可補救於萬一。所謂正心者，曰厚曰實。厚者，恕也，己欲立而立人，己欲達而達人，己所不欲，勿施於人，存心之厚，可以少正天下澆薄之風。實者，不說大話，不務虛名，不行駕空之事，不談過高之理，如此可以少正天下浮僞之習。

送人銀錢，隨人用情之厚薄、一言之輕重。父不能代子謀，兄不能代弟謀，譬如飲水，冷暖自知而已。

與人爲善取人爲善之道，如大河水盛，足以浸灌小河，小河水盛，亦足以浸灌大河，無論爲上爲下，爲師爲弟，爲長爲幼，彼此以善相浸灌，即日見其益而不自知矣。

譯文

讀書的方法，按照胡氏的分類來説，經義方面應當分爲小學、理學、詞章、典禮四個門類，治事方面應當分爲吏治、軍務、食貨、地理四個門類。

凡是做一個好人，做一個好官，做一個名將，都要有好老師，好朋友，好榜樣。

當今這個世道，富貴是無法圖謀的，功名亦絕對難以成就，惟有自我正心，藉以維護風俗，或者可以補救於萬一。所謂正心，在厚與實兩點上。厚即恕，自己想成立而讓別人成立，自己想通達而讓別人通達，自己所不想的，不要加於別人的身上。存心的厚道，可以稍稍矯正天下澆薄的風氣。實即不説大話，不務虛名，不做架空的事，不説過高的理論，如此可以稍稍矯正天下浮躁虛僞的習氣。

送別人銀錢的多少，要看別人用情的厚與薄、説話之間的輕與重來加以區別。這件事上，父不能代替子謀劃，兄不能代替弟謀劃，好比飲水，冷暖祇有自己纔知道。

與人爲善取人爲善中的道理，好比大河水滿，足以浸灌支流小河，支流小河的水滿，也同樣可以浸灌大河，無論爲上爲下，爲師爲弟，爲長爲幼，彼此之間用善來互相浸灌，便可以一天天看到收益而不自知了。

評點

這幾段話說的都是曾氏在平日讀書察世方面的感想體會，尤其是其中所說的以厚與實去矯世風之澆薄浮僞，以善來互相影響而彼此獲益，都是人世間的金玉良言。

原文　檢討與小珊爭吵的不是

小珊前與予有隙，細思皆我之不是。苟我素以忠信待人，何至人不見信？苟我素能禮人以敬，何至人有慢言？且即令人有不是，何至肆口謾罵，忿戾不顧，幾於忘身及親若此？此事余有三大過。平日不信不敬，相恃太深，一也；比時一語不合，忿狠無禮，二也；齟齬之後，人反平易，我反悍然，不近人情，三也。

凡睽起於相疑，相疑由於自矜明察。我之於小珊，其如上九之於六三乎？吳氏謂合睽之道，在乎推誠守正，委曲含宏，而無私意猜疑之弊。戒之勉之！此我之要藥也。

譯文

小珊先前與我有嫌隙，仔細想來都是我的不是。假若我一向以忠信對待別人，何至於別人不相信？假若我一向能以敬重之態禮貌待人，何至於別人有輕慢之言？況且即便是別人有不是，何至於就要肆口謾罵，憤恨暴戾以至於忘記自己的身份和親人到這等地步？在這件事上，我有三點過失。平日裏缺乏信任缺乏敬重，自恃太厲害，是第一點。當時一句話不合便憤怒無禮，是第二點。爭吵之後，別人反而平易，我反而悍然不消，不近人情，是第三點。

凡違離起源於互相懷疑，互相懷疑是由於自以爲明察。我與小珊之間，就像《睽》卦中的上九爻與六三爻嗎？吳竹如說合好之道，在於推誠心守正位，心境宛轉宏大而又無自私猜疑的毛病。警戒吧勉勵吧！這是我的要緊良藥。

評點

鄭小珊是曾氏在翰林院做官時的朋友，此人擅長醫術，常給曾氏一家人把脈診疾，兩人情誼很好。但有一次却發生了爭吵，從『肆口謾罵』一詞來看，這個架吵得還不小。事後，曾氏在日記中認真檢討了自己的不是，過幾天又親自登小珊的門賠禮道歉，從而消除了意見，和好如初。

原文　譽人言不由衷

客來，示以時藝，讚嘆語不由衷。余此病甚深。孔子之所謂『巧令』，孟子之所謂『餂』，其我之謂乎？以爲人情好譽，非是不足以悅其心。試思此求悅於人之念，君子乎？女子小人乎？且我誠能言必忠信，不欺人，不妄語，積久人自知之，不讚，人亦不怪。苟有試而譽人，人且引以爲重；若日日譽人，人不必重我言矣。欺人自欺，滅忠信，喪廉恥，皆在於此。切戒切戒！

譯文

客人來家，拿他寫的時藝給我看，我的讚嘆是言不由衷的。我這個毛病很深。孔子所説的『巧言令色』，孟子所説的『言餂』，是説的我嗎？以爲人都喜好稱譽，不這樣不足以取悦他的心。試想有這種求悦於人的念頭，是君子呢？還是女子與小人呢？况且我真正言必忠信，不欺騙人，不亂説話，時間久後别人自然知道，即便不稱讚，别人也不會見怪。儻若偶爾試着稱譽别人，别人將會引以爲重；儻若天天稱譽别人，别人一定不會看重我的話。欺騙人最後將欺騙自己，滅掉忠信，喪失廉耻，都在這點上。切戒切戒！

評點

譽人而言不由衷這種毛病廣爲存在，許多人不將它視爲毛病。曾氏却毫不留情地解剖，並痛加指責，嚴戒再犯。曾氏的人生境界之所以比常人高，其原因便在這裏。

原文　君子之看待施與報

君子之自處常嚴重而不可干。其待人也，以敬其身者敬之，道勝己者，抑志事之。僕雖蠢頑，亦頗識輕重之分。

緩急之求，無貴賤賢否皆有之者也。求人而甘言謝之，夫人而能也；德於人而責報，亦夫人而能也。至知道者，有進焉，其受人賜，中心藏之，不以口舌云報也；其忠於謀人，過輒忘之。彼德我，吾安焉，彼不德我，吾安焉。徐以觀其他，他行合義，友之如故，他行不義，而後絶之，終不相督責也。所謂『道濟萬物而不自居，施及後世而不伐』，皆自於此。

君子有高世獨立之志，而不予人以易窺；有藐萬乘却三軍之氣，而未嘗輕於一發。道之未光，忠信之未孚，而欲人之坦坦以相諒，蓋其難矣。

譯文

君子對待自己的處世，常謹嚴持重而不可冒犯。他對待别人，以尊重自己之心來尊重，對於道德超過自己的，則降低身份來師事。我雖愚蠢頑劣，也稍稍懂得輕重之分。

遇到急事求人，這是無論貴與賤賢與不賢都有的事。求過别人後好言感謝，這是一個人可能做的；有恩德於别人而希望獲得報答，這也是一個人可能想的。至於那些明道的人，則又有更進一步的表現，他受到别人的恩德，心裏記住，而不以言語來表示回報；他忠心給人辦事，過後則將它忘掉。别人感謝他，他安然接受，别人不感謝他，他心裏也安然。慢慢地觀察那個人，他的行爲合乎道義，則以朋友相待如故，他若行不義，則與斷絶友情，始終不去責備他。所謂『道拯救萬物但自己不居功，施惠澤於後世而自己不矜伐』，都源於此。

君子有高出世俗、獨立特行的志向，然而却使別人不容易看到；有藐視萬乘斥退三軍的氣概，然而却未嘗輕易發露。德行未顯現出來，忠信未取得接受，然而却希望別人坦誠地予以體諒，這是難事。

評點

這三段話都出自於道光二十四年，曾氏寫給王拯的信。王拯字定甫，號少鶴，廣西人，當時與曾氏同在翰林院供職。通讀曾氏全信，可知事情原來是這樣的：翰林院編修陳源兗的妻子産子後不久去世。曾氏與陳同鄉同年，關係密切（後又結爲兒女親家），聽説王拯爲人仗義，便請他代陳買棺木。王買了棺木，又親去憑弔。但陳之前並不認識王，曾氏又未將此事告訴陳，於是陳家的僕人没有及時通報，陳也未對王言謝。王遂極不舒服，寫了一封言辭激烈的信責備曾氏。曾氏回信道歉。在道歉的同時，曾氏説了所抄的這幾段話。曾氏所説的這幾段話，對今天的讀者也有啓迪，即應當怎樣看待人與人之間的施與報。

原文　生平重視友誼

僕寡昧之資，不自振厲，恒資輔車以自强，故生平於友誼兢兢焉。嘗自慮執德不宏，量既隘而不足以來天下之善，故不敢執一律求之。雖偏長薄善，苟其有裨於吾，未嘗不博取焉以自資益。其有以讜言諍論陳於前者，即不必有當於吾，未嘗不深感其意，以爲彼之所以愛我者，異於衆人泛然相遇之情也。

譯文

我是德寡智昧的資質，不能自我振勵，常常想有所藉助而達到自强，故而生平對於友誼懷戰戰兢兢之心。曾自慮所擁有的道德不宏大，器量狹隘而不足以招致天下的良善，故而不敢堅持以一律求之。即便是偏激缺乏善意的言語，假如對我有益，未嘗不廣爲獲取以使自己得益。他若有正直亢爽的言論出現在眼前，即便對我並非適合，未嘗不深爲感謝他的好意，認爲他對我的關愛，不同於那些泛泛相交者的感情。

評點

這是道光二十七年寫給歐陽勳的信。勳爲曾氏好友歐陽兆熊的兒子，此時年僅二十一歲，比曾氏小了十六歲。勳爲湖南一布衣書生，曾氏已是朝中二品大員。無論從輩分年齡，還是從功名地位來説，二人之間相距甚大，但曾氏却以平等之態度待勳。此固出於曾氏的修養，亦緣於曾氏甚爲欣賞勳，他視勳爲桐城文派在湖南的傳人。惜勳不到三十便去世，文章未大成。

原文　希圖挽回天心

今日百廢莫舉，千瘡並潰，無可收拾，獨賴此精忠耿耿之寸衷，與斯民相對於骨岳血淵之中，冀其塞絶横流之人慾，以挽回厭亂之天心，庶幾萬有一補。不然，但就局勢而論之，則滔滔者，吾不知其所底也。

譯文

眼下百廢不能復興，千瘡一齊潰爛，無可收拾，獨獨依靠這顆耿耿忠心，與老百姓一道處在骨山血海之中，希望能够堵塞横流的人慾，藉以挽回厭亂的天心，或許能補救萬分之一。不然的話，但就局勢而論，則目前好比遇上滔滔洪水，我不知它的止境在哪兒。

評點

這段話前面也出現過，是曾氏咸豐三年二月對江忠源、左宗棠説的。此信係勸新寧勇頭領江忠源接受向榮所奏請的翼長一職，希望他藉翼長職務來施展夙抱，即便不爲重用，也可據此『盡究軍情得失』。

原文　直道而行

君子直道而行，豈肯以機械嶮巇與人相競禦哉？

譯文

君子以直爽之道而行世，豈願意以複雜機心來與人相競争？

評點

曾氏後來説過以至誠應至僞、以至拙應至巧的話，其用意與此話同。

原文　厭惡寬容之説

國藩入世已深，厭閲一種寬厚論説、模棱氣象，養成不白不黑不痛不癢之世界，誤人家國，已非一日。

譯文

國藩入世已久，厭惡看到一種寬容厚道的論説、模棱兩可的現象，培養成不白不黑不痛不癢的世界，貽害家庭國家，已非一日。

評點

這段話中的意思，在組建湘軍之初期，曾氏對許多人説過。梁啓超對它也很看重。憑着這種血性，曾氏迅速開創了局面；也因爲這種血性，讓曾氏得罪了當時的腐敗官場。

原文　窗櫺愈多則愈蔽明

兩心炯炯，各有深信之處，爲非毁所不能入，金石所不能穿者，別自有在。今欲多言，則反以晦真至之情，古人所謂『窗櫺愈多則愈蔽明』者也。

譯文

兩顆心光亮，各自有深信之處，爲非議毀謗所不能進入，金石所不能穿破，另有一種堅硬所在。現在想要用語言來表白，則反而將使至真之情變得晦暗，正是古人所謂的『窗櫺越多則越遮蔽光明』。

評點

所謂兩心相印，是人與人相處最難達到也最爲可貴的境界；若要靠語言來表白，則已落入低一個層面了。

原文　荆軻之心萇宏之血

虹貫荆卿之心，而見者以爲淫氛而薄之；碧化萇宏之血，而覽者以爲頑石而棄之。古今同慨，我豈伊殊？屈累之所以一沉而萬世不復返顧者，良有以也。僕之不能推誠與人，蓋有歲年，今欲矯揉而姁姁向人，是再僞耳！

譯文

荆軻的心化爲長虹貫於天空，但看見者却將它視爲怪異之氣而鄙薄；萇宏的血化爲碧玉，但鑒賞者却將它視爲頑石而丟棄。無論是古代還是現在，這種事情都常有，我又怎能够與人不同？屈原之所以毅然决然地投水自沉，雖千年萬世也不回顧，的確是有他的原因的。我的不能推誠待人有不少年了，現在想要改變個性委屈自己順從别人，不過是再次作僞罷了！

評點

這是幾句沉痛至極的話，意思較為明白，此處便不再贅述了。

原文　飽諳世態

耿介人類不耐事，從古已然。更與飽諳世態，當無是處。

譯文

性格耿介的人大多不耐煩做具體事，自古以來便是這樣。待到飽經世態之後，應當没有這個顧慮了。

評點

社會是人生的最好課堂，它能教給人以實實在在的生存理念與生存方式。所以，人在飽諳世態後，多能彌補不足，逐漸成熟。

原文　禮義法度當應時而變

莊生有言禮義法度者，應時而變者也。行周於魯，猶推舟於陸也。古今之異，猶猨狙之異乎周公也。

譯文

莊子曾經說過，禮義法度這些東西，是順應時代而變化的。將周可行的禮法移到魯，好比推船在陸地上行走。古與今之間的差別，好比猿猴與周公之間差別一樣。

評點

禮義法度，是人制定出來的。鑒於當下人類社會所出現的問題，負有治理責任的人制定一些規範出來，企圖使用這些規範來使人類社會和諧、穩定、有序地存在。這些規範便是禮義法度，它來源於當時的人類社會，服務於當時的人類社會。明白了這個道理，便可知道，古人的禮義法度是那個時代的產物，時代變了，禮義法度也需要變化，否則便是推舟於陸——行不通。

原文　窮途白眼

近來飽嘗艱險，窮途白眼所在多有。渠自賦詩有云『沉舟轉側波濤裏，敗絮周旋荊棘中』，蓋實録也。

譯文

近來飽嘗艱難危險，無路可走與遭人白眼等處境隨時遇到。他自己寫詩，詩中說：『將沉的船翻倒在波濤裏，飄落的花絮周旋在荊棘中』，這是真實的紀録。

評點

湘軍在十餘年與太平軍的角逐中，敗多勝少，因而遭遇白眼是常事，曾氏就說過他『幾爲通國不容』，可見道路窮迫之至。

原文　此處好比夷齊之壠

惠書稱申夫有攬轡澄清之志，祇愧尺波不足以縱巨鱗，陋邦不足以發盛業。昔有巨盜發冢，椎掘方畢，棺中人忽欠身起坐曰：『我乃伯夷，何爲見訪？』盜逡巡去。易一丘，方開鑿墓門，見前欠伸者隨至曰：『此舍弟叔齊冢也。』今將施巨鈎犗餌於蹄涔之水，是猶索珠襦玉押於伯夷之壠，多恐有辜薦賢之盛心。至於推誠揚善，力所能勉，不敢或忽。

譯文

來信說李申夫有指揮軍隊澄清天下的志向，祇是慚愧我這裏僅一尺的波瀾，不足以讓大魚縱身騰躍，卑陋的地方不足以創造盛業。從前有大盜掘墓，挖掘剛完成，棺木中的人忽然彎腰坐起說：『我是伯夷，爲何來拜訪我？』盜賊四處看看後離開了。换一個山包，正在開鑿墓門時，見剛纔彎腰坐起者隨後跟來説：『這是我的弟弟叔齊的墓。』現在垂下巨鈎釣於馬蹄大的水坑，正好比索取珠服玉匣於伯夷的墓中，恐怕多半會辜負你的薦賢美意。至於以誠相待表揚良善，這是努力而可勉强做到的事，不敢有所疏忽。

評點

這段話中的比喻極富幽默感。伯夷、叔齊兄弟因不食周粟而餓死在首陽山，其墓中自然無分文可取，盜墓者盜夷、齊之墓，可謂完全找錯了目標。曾氏出名後，從各地來投靠者絡繹不絶，投奔的目的也各有不同，不少人是懷着獲取大利的心願而來，故而與早期不同，曾氏此時對前來投靠者往往先潑點冷水，壓一壓他的胃口，以免到時失望。以夷、齊墓來比喻他這塊地盤，其用意便在此。李榕四川人，字申夫，以禮部主事身份來到曾氏幕中後，與曾氏很是投契。曾氏很欣賞他的才具，但他祇做到湖南布政使，便被彈劾丢了官，並未做出『攬轡澄清』的事業來，晚年更因貧困而就食於老朋友處。

原文　懵懂祓不祥

手示敬悉。安樂棄予，世態之常，侍去年過此，與今年情形迥異。所示『莫危於漸』，誠爲篤論，然此時祇當用老僧不見不聞法。天下惟忘機可以消衆機，惟懵懂可以祓不祥也。萬事無成四字，是鄙人一生考語，公安得攘而有之？

譯文

來信敬悉。安樂厭棄我，這是世間的常態。我去年經過這裏，與今年情形完全不同。信中所説『危險莫過於在漸變中産生』，的確是篤實之論，但此時祇能採用老僧的不見不聞之法。天下的法則，惟有忘掉自己的機心纔能消除衆人的機心，惟有懵懂可以祓去不祥。萬事無成這四個字，是我一生的評語，您怎能搶奪呢？

評點

湖南有句俚語，叫做『陰陽怕懵懂』。面對着太多的鈎心鬥角、攻擊中傷，曾氏已見怪不怪，惟有採取渾然不知的態度去應付，這就是他所説的懵懂。他還説過『惟大愚可治大姦』的話，也是這個意思。曾氏與胡林翼的關係極爲親密，故而這段對胡説的話也説得很貼心。

原文　禍生於舌端筆端

閣下昔年舌端或有彈射，筆端亦頗刻酷，若禍生有胎，則亦不可不自省而斂抑也。

譯文

閣下先前説話或許有傷害性，筆下的文字也較爲刻薄嚴酷，儻若禍起有其原由的話，則也不可不自我反省且加以收斂抑制。

評點

以言沽禍，以文沽禍，古往今來不知多少！正因爲此，便有『沉默是金』之説。即便如此，許多人仍然不愛沉默之金，好説話，好舞文弄墨。這是爲何？或許出於人之好表現的本性吧！

原文　君子愈讓小人愈妄

大抵亂世之所以彌亂者，第一在黑白混淆，第二在君子愈讓，小人愈妄。侍不如往年風力之勁，正坐好讓。公之稍遜昔年，亦坐此耳。

譯文

大凡之所以使亂世更亂的原因，第一在黑白混淆，第二在君子愈加謙讓，小人愈加狂妄。我的風力不如往年的强勁，正是因爲好謙讓。您的稍遜從前，也是因爲這個原故。

評點

曾氏出山辦團練之初，秉一腔護衛正義的血性，在與太平軍作戰的同時，也與同一營壘的不正之風作鬥爭。面對這兩股力量，他都採取不妥讓的態度。這裏所説的『君子愈讓，小人愈妄』，就是在此背景下説的話。然而，太平軍可消弭，不正之風却不可消弭。晚期的曾氏，在强大的世風面前，也祇得步步退讓了。

原文　不得罪東家好去好來

見可而留，知難而退，但不得罪東家，好去好來，即無不可耳。

譯文

見情形可留則留下，發現難相處時則退出，但求不得罪主人，好去好來，如此則無論留與退都無不可。

評點

曾氏的六弟國華是個心高氣傲却才又不足以副之的人，屢試不中後於道光二十五年九月進京入國子監，次年參加直隸鄉試，又不中。二十七年底在京自行謀館。曾氏知老六的性格不宜爲塾師，故祇希望他能『好去好來』，『不得罪東家』就可以了。『好去好來』，應是一種人群相處的原則，看似容易，做起來也並不容易。

原文　不貪財不失信不自是

不貪財，不失信，不自是，有此三者，自然鬼伏神欽，到處人皆敬重。此刻初出茅廬，尤宜慎之又慎。若三者有一，則不爲人所與也。

譯文

不貪錢財，不失誠信，不自以爲是，有此三者，自然鬼神欽服，隨便到哪裏人人都敬重。此時初出來辦事，尤其宜慎之又慎。若三者中有一者未做到，則得不到别人的讚許了。

評點

這是道光二十八年六月給諸弟家信中的話。老四國潢近來在縣城和鄉鄉幫人打官司，能取信於人，曾氏在信中稱讚他。曾氏本不情願家人涉及官司一類事，但隨着他本人官位的顯赫，曾家在湘鄉縣境也相應顯赫起來。於是，上門求助者也便增多，老太爺可以杜門謝客，少爺們却不能不問，而應酬社會，本亦是極重要的歷練。曾氏因此教諸弟守住『不貪財，不失信，不自是』三點，作爲與社會打交道的三條原則。

原文　對世態的略識與不識

用紳士不比用官，彼本無任事之責，又有避嫌之念，誰肯挺身出力以急公者？貴在獎之以好言，優之以廩給，見一善者，則痛譽之，見一不善者，則渾藏而不露一字。久久，善者勸，而不善者亦潛移而默轉矣。

官場交接，吾兄弟患在略識世態，而又懷一肚皮不合時宜，既不能硬，又不能軟，所以到處寡合。迪庵妙在全不識世態，其腹中雖也懷些不合時宜，却一味渾含，永不發露，我兄弟則時時發露，終非載福之道。

譯文

用紳士與用官不同，他們本就没有做事情的責任，又存有避嫌疑的念頭，誰願意挺身而出爲公衆的事着急？重在以好言來獎勵他們，給他們以優厚的待遇，見到一個好紳士，則竭力稱譽，見到一個不好的紳士，則持渾含的態度而不以一字批評。久而久之，好的得到鼓勵，而不好的也漸漸潛移默化了。

與官場交往，我們兄弟所患在於略爲懂得點世態，而又懷着一肚子不合時宜，既不能做到硬，又不能做到軟，所以到處落落寡合。李迪庵妙就妙在完全不識世態，其腹中雖然也懷有些不合時宜，却一味渾含，永不發露出來。我們兄弟則時時都在發露，終究不是載福的做法。

評點

這兩段話，都是咸豐七年間寫給老九的，前段説的是與紳士打交道的辦法，後段説的是與官場打交道的法則。紳士，即非官員却又有聲望有才幹的人士。鑒於當時官場的腐敗，曾氏力主使用這批人。但因爲他們無職責，亦不拿俸禄，故宜優待。對於官場，曾氏教老九以渾含姿態與人相處。這是曾氏出山辦團練五年來，與地方官場打交道辦實事後得出的切身體驗。要説中國官場的特色，用渾含二字，可以影繪出其中的許多内容。此二字大可研究。

原文　隨緣布施

先星岡公云濟人，須濟急時無。又云隨緣布施，專以目之所觸爲主，即孟子所稱是乃仁術也。若目無所觸，而泛求被害之家而濟之，與造册發賑一例，則帶兵者專行沽名之事，必爲地方官所議，且有掛一漏萬之慮。

譯文

故去的星岡公説救濟别人，必須救濟他在急難時所缺乏的。又説隨着緣分布施，專以眼睛看到的爲主，即孟子所説的這就是仁的行爲。若眼睛没有看到，而廣泛地尋找被害之家來救濟，這與造册發賑是一回事，帶兵者專門做獲取名聲的事，必定爲地方官所議論，而且有掛一漏萬的擔心。

評點

對於有心行善的人，如何行善也是一個值得思考的問題。任何事都有它的兩面性，即便行善這樣的大好事亦不例外。筆者很贊成這種隨緣布施、目觸爲主的行善方式，因爲這樣可以最大限度地減少其負面影響。

從政

原文　不輕受人惠

我自從己亥年在外把戲，至今以爲恨事，將來萬一作外官，或督撫，或學政，從前施情於我者，或數百，或數千，皆釣餌也。渠若到任上來，不應則失之刻薄，應之則施一報十，尚不足以滿其慾。故自庚子到京以來，於今八年，不肯輕受人惠，情願人佔我的便益，斷不肯我佔人的便益。

譯文

道光十九年我在外面應酬，至今引以爲遺恨的事，將來萬一作地方官員，或者總督巡撫，或者學政，從前送人情給我的，或幾百，或幾千，都是釣餌。他若是到我的上任之地來，不應付則失之刻薄，應付則施一而報十，尚且不足以滿足他的要求。故自道光二十年到京師以來，到現在已經八年，不願意輕易接受别人的恩惠，情願别人佔我的便宜，決不想我佔别人的便宜。

評點

曾氏道光十八年中進士點翰林，隨即回家讀書。道光十九年這一年，曾氏以一個即將赴任的官員身份在家鄉度過。湘鄉乃至長沙府識與不識者，紛紛前來與曾氏攀上關係，送錢送物，其中固然不乏誠心誠意祝賀的，但更多的則另有目的。其目的即曾氏這段家書中所指出的。但此目的，無法讓他們達到，故曾氏將那一年所接受的饋贈引爲『恨事』。從那以後，他就再不接受人惠，不讓這種恨事再出現。曾氏所遇到的這個麻煩事，想必一切有權者都會遇到，因此他的這段話很值得人們特别是有權者重視。

原文　凡事皆貴專

凡事皆貴專。求師不專，則受益也不久；求友不專，則博愛不親。心有所專宗而博觀他涂，以擴其識，亦無不可；無所專宗，而見異思遷，此眩彼奪，則大不可。

譯文

凡事都可貴在專。求師不專，則受益不長久；求友不專，則廣泛友好而不能親密。心有所專宗，又能博覽其他途徑，以求擴大見識，也無不可，若無所專宗而見異思遷，目光爲這爲那所眩奪，則大爲不可。

評點

人生的精力和時間都有限，而所辦的事情又大多不易，故而有識者都認爲辦事宜專一，不宜泛衆，專一可望有所成，泛衆則往往一事無成。

原文　鄉民可與謀始難與樂成

鄉民可與謀始，難與樂成，恐歷時稍久，不能人人踴躍輪將，亦未必奏效無滯。我家倡義，風示一邑，但期鼓舞風聲，而不必總攬全局，庶可進可退，綽綽餘裕耳。

譯文

鄉下老百姓可與他們商議初始階段，却難於與他們共同快樂地享受成功，恐怕歷時稍久，不能做到人人踴躍共赴，也未必能不斷奏效。我們家倡議，影響一方，衹是期望鼓動情緒，不必總攬全局，或許今後可進可退，遊刃有餘。

評點

有始無終，這是人之常性，作爲普通人的群體——鄉民，在這一點上，必定會因互相影響而顯得更爲突出。故而『可與謀始，難與樂成』，是一個對民衆的清醒認識。從事公衆事業的人，在辦事之初都必須要有此認識，方不會在事情舉辦後便立即有受打擊以至於沮喪、心灰意冷等情緒出現。

原文　書吏中飽

向來書吏之中飽，上則吃官，下則吃民，名爲包徵包解，其實當徵之時，則以百姓爲魚肉而吞噬之，當解之時，則以官爲雉媒而播弄之。官索錢糧於書吏之手，猶索食於虎狼之口，再四求之，而終不肯吐，所以積成巨虧，並非實欠在民，亦非官之侵蝕入己也。

譯文

向來書吏的中飽，是向上則吃官，向下則吃民。名義説是包徵包解，其實，當徵的時候，則把百姓當作魚肉來吞噬，當解的時候，則把官員當作雉媒而玩弄。官府從書吏手中索取錢糧，好比從虎狼口中索取食物，再四懇求而終於不肯吐出，所以積壓成巨大虧空，並非百姓拖欠，也不是官員的侵吞貪污。

評點

曾氏所説的書吏中飽，頗近似當代的經辦人弄權。古今一理，痼疾難消。

原文　功名之地難居

功名之地自古難居。兄以在籍之官，募勇造船，成此一番事業，名震一時。人之好名，誰不如我？我有美名，則人必有受不美之名者，相形之際，蓋難爲情。兄惟謹慎謙虚，時時省惕而已。

但願官階不再進，虚名不再張，常保此以无咎，即是持身守家之道。

名者造物所珍重愛惜，不輕以予人者。余德薄能鮮，而享天下之大名，雖由高曾祖父纍世積德所致，而自問總覺不稱，故不敢稍涉驕奢。家中自父親叔父奉餐宜隆外，凡諸弟及吾妻吾子吾侄吾諸女侄女輩，概願儉於自奉，不可倚勢驕人。古人云無實而享大名者必有奇禍，吾常常以此儆懼，故不能不詳告賢弟，尤望賢弟時時教戒吾子吾侄也。

譯文

功名場自古難以居留。兄以去職在籍的官員身份，募勇造船，成就了這一番事業，名震一時。人的好名，誰不如我？我有美名，則別人必有遭受不美名的，相互一比較，別人就難爲情。兄惟有謹慎謙虛，時時反省警惕而已。

但願官職不再提升，虛名不再張揚，常常保持這個狀態不獲咎責，這就是持身守家的原則。

名爲造物者所珍重愛惜，是不輕易給予人的。我德行淺薄能力不强，却享受天下之大名，雖然是由高祖、曾祖、祖父與父親纍世積德所招致，但自問總覺得不相稱，故而不敢稍稍涉及驕傲奢侈。家中除父親叔父喫飯宜豐盛外，凡各位老弟以及我的妻與子各位侄輩我的女兒們各位侄女輩，一概希望他們自奉儉樸，不可倚勢驕人。古人說没有實績而享受大名的必有奇禍，我常常以此作爲儆懼，故而不能不詳告賢弟，尤望賢弟時時刻刻教育我的子侄們。

評點

湘軍在衡州府粗粗練就，便於咸豐四年正月底誓師北上，經過幾次敗仗後，於該年八月二十七日一舉收復武昌、漢陽。這既是湘軍組建以來的最大勝利，也是太平軍起事以來朝廷方面的最大軍事勝利。一時間湘軍聲名鵲起，作爲湘軍首領，曾氏也自然聲名鵲起。朝廷大爲嘉獎，並任命曾氏爲代理湖北巡撫。曾氏此時尚在母喪未除期間，不便接受，乃上疏辭謝。在九月十三日的家信中，曾氏談到辭謝的原因，並接下來寫了這段話。初獲大勝，曾氏便有如此清醒認識，實爲明白人。然而事實上，不待曾氏辭謝，任命書下達七天後，咸豐帝便改變主意，取消前命而令其率勇沿江東下。據野史記載，咸豐帝之所以改變主意，是身邊有人說曾氏的壞話。此人提醒咸豐帝，不能授曾氏以地方實權。

原文　等差與儀文

民宜愛，而刁民不必愛；紳宜敬，而劣紳不宜敬。弟在外能如此調理分明，則凡兄之缺憾，弟可一一爲我彌縫而匡救之矣。昨信言無本不立，無文不行，大抵與兵勇及百姓交際，則心雖有等差，而外之儀文不可不稍隆。余之所以不獲於官場者，此也。去年與弟握別之時，諄諄囑弟，以傚我之長，戒我之短，數月以來，視弟一切施行，果能體此二語，欣慰之至！惟作事貴於有恒，精力難於持久，必須日新又新，慎而加慎，庶幾常保令名，益崇德業。

原文　去冗員浮雜

善覘國者，睹賢哲在位，則卜其將興；見冗員浮雜，則知其將替。善覘軍者亦然，似宜略爲分別。其極無用者，或厚給途費，遣之歸里；或酌賃民房，令住營外，不使軍中有惰慢喧雜之象，庶爲得宜。

譯文

善於預測國運的，看到賢哲在位，則可以預卜國運將興；見人浮於事，則知國運將衰落。善於預測軍事的也是這樣，但似乎還要略爲加以區別。那些特別無用的，或是多給途費，打發他回家；或是斟酌租民房，令他住在營房外，不使得軍中有懶惰喧雜的現象，或許較爲得宜。

評點

咸豐七年二月底至三年六月初，曾氏爲守父喪在家居住約一年半。此期間，他爲自己出山五年來所做的一切予以檢討反思，且常常將反思所得告訴諸弟，其中與老九所談最多。這段話便是咸豐八年三月寫給老九的。作爲團隊首領，特別注意要用人才而不用庸才，即便牛驥同槽，也將令英雄氣短。

原文　聲聞可恃又不可恃

聲聞之美，可恃而不可恃。兄昔在京中，頗著清望，近在軍營，亦獲殊譽。善始者不必善終，行百里者半九十里。譽望一損，遠近滋疑，弟目下名望正隆，務宜力持不懈，有始有卒。

譯文

聲望之好，可以憑恃也不可以憑恃。兄先前在京師時，較爲有清望，近年在軍營，也獲得特別好的讚譽。善於開始的不一定善於結束，百里路的行程九十里纔算是它的一半。名譽聲望一旦損折，遠遠近近都會産生懷疑。弟眼下名望正興隆，務必堅持不懈，有始有終。

評點

聲望屬無形資産一類。無形資産與有形資産相較，有它的特殊性。善於使用，可能大有收穫；不善使用，也許一文不值。善與不善，關乎智慧，非言語文字所能表達也。

原文　不要錢不怕死

余在外，未付銀至家，實因初出之時，默立此誓。又於發州縣信中，以『不要錢，不怕死』六字自明。不欲自欺其志，而令老父在家受盡窘迫，百計經營，至今以爲深痛。

譯文

我在外面做事，沒有寄銀錢給家裏，實在因爲初出山的時候，默默地立下這個誓言，又在發給各州縣官的信中，以『不要錢，不怕死』六字自爲明志，不願意自己欺騙自己，而令老父親在家受盡窘迫，以至於要多方經營過日子，至今以爲深重的痛苦。

評點

曾氏就任團練大臣之初，曾發出一份《與湖南各州縣公正紳耆書》，此信實爲他的就職文告。信的最後一段爲：『國藩奉命以來，日夜悚惕，自度才能淺薄，不足謀事，惟有「不要錢，不怕死」六字，時時自矢，以質鬼神，以對君父，即藉以號召吾鄉之豪傑。湖南之大，豈乏忠義貫金石、肝膽照日星之人？相與倡明大義，輔正除邪，不特保桑梓於萬全，亦可蕩平賊氛，我國家重有賴焉者也。』『不要錢，不怕死』，説得輕易，行之則難。曾氏不寄銀錢至家，藉以驗证不要錢；後來兩次兵敗投江，藉以表明不怕死。凡此種種，意在言行一致也。

原文　抓住時機做成一個局面

現在上下交譽，軍民咸服，頗稱適意，不可錯過時會，當盡心竭力，做成一個局面。聖門教人，不外敬、恕二字。天德王道，徹始徹終，性功事功，俱可包括。余生平於敬字無工夫，是以五十而無所成。至於恕字，在京時亦曾講求及之，近歲在外，惡人以白眼藐視京官，又因本性倔强，漸近於愎，不知不覺，做出許多不恕之事，説出許多不恕之話，至今愧恥無已。弟於恕字頗有工夫，天質勝於阿兄一籌，至於敬字，則亦未嘗用力，宜從此日致其功，於《論語》之『九思』、《玉藻》之『九容』，勉强行之，臨之以莊，則下自加敬，習慣自然，久久遂成德器，庶不至徒做一場話説，四十五十而無聞也。

譯文

現在上下交相稱讚，軍隊百姓都順服，較爲稱心適意，不可以錯過時會，應當盡心竭力做成一個局面。儒家學派教育人，不外乎敬與恕兩個字。仁義道德須貫徹始終，人格修煉與事功建立都應將敬、恕包括在内。我平生在敬字上没有工夫，所以到了五十歲還無所成就。至於恕字，在京師時也曾經注意講求，近年來在外面做事，厭惡别人用白眼藐視京官，又因爲本性倔强，逐漸近於剛愎，不知不覺間做出許多不恕的事，説出許多不恕的話，至今慚愧不已。弟在恕字上較爲有工夫，天生性格上勝過爲兄的一籌，至於敬字，則同樣也没有用力，宜於從此每天用功，按照《論語》中所説的『九思』、《玉藻》中所説的『九容』，勉力實行。以莊敬的態度待人，則下屬們自然恭敬，習慣成爲自然，久而久之於是成爲好的本性，或許不至於衹是説説而已，到四十五十歲還不爲人知。

評點

有一句話説得好：『播下習慣的種子，將有命運的收穫。』這話説的是習慣對人生影響的巨大。曾氏説『習慣自然，久久遂成德器』，即此話的另一種表述。

原文　勉力去做而不計成效禍福

以精力極疲之際，肩艱大難勝之任，深恐竭蹶，貽笑大方。然時事如此，惟有勉力作去，成效禍福，不敢計也。

以私事言之，則余爲地方官，若僅帶一胞弟在身邊，則好事未必見九弟之功，壞事必專指九弟之過。嫌疑之際，不可不慎。

譯文

在精力極爲疲倦的時候，肩負着艱巨難以勝任的重任，深怕遭受挫折失敗，貽笑大方。但是時事如此，惟有勉力去做，至於成效如何是禍是福則不去計較。

以私事而言，則我爲地方官，若是僅僅祇帶一個胞弟在身邊，則有好事未必能看出九弟的功勞，有了壞事別人一定專門指責九弟的過失。容易招致嫌疑的地方，不能不慎重。

評點

咸豐十年四月二十八日，曾氏奉到署理兩江總督的任命，朝廷命令他帶兵立即前赴江蘇，以救蘇南的危急。第二天以及五月初四日，曾氏給在家主事的老四寫了兩封信，這裏所抄録的兩段話，即分別出於這兩封信中。讀前段話很令人想起林則徐的詩：『苟利國家生死以，豈因禍福避趨之。』林則徐以湖廣總督的身份前往廣東禁煙，曾氏以兩江總督的身份帶兵去收復失地，事雖不一，責任之重大是一樣的。一個真誠的以國事爲重的大員，此時不將一己私利置於國家利益之上，這種態度，即便像筆者這樣的一介書生，也是可以理解的。老九這個時候正屯兵安慶城外，準備拿下這座安徽省垣。曾氏不調動老九的吉字營，無論於公於私都是明智的決策。

原文　做湖南出色之人

弟此次出山，行事則不激不隨，處位則可高可卑，上下大小，無人不翕然悦服。因而凡事皆不拂意，而官階亦由之而晉，或者前數年抑塞之氣，至是將暢然大舒乎！《易》曰：『天之所助者順也，人之所助者信也。』我弟若常常履信思順，如此，名位豈可限量！

吾湖南近日風氣蒸蒸日上，凡在行間，人人講求將略，講求品行，並講求學術。弟與沅弟既在行間，望以講求將略爲第一義，點名看操等粗淺之事，必躬親之，練膽料敵等精微之事，必苦思之。品學二者，亦宜以力餘自勵。目前能做到湖南出色之人，後世即推爲天下罕見之人矣。大哥豈不欣然哉？

譯文

弟這次出山辦軍務，做事則採取不激烈也不隨聲附和的態度，處位則採取能上能下的態度。如此，則上上下下没有人不欣然悦服的。所以凡事都不會不順心，而官階也便因此晉升，或許前幾年的抑鬱受阻之氣，到現在將會大爲舒暢吧！《易經》說：『天所幫助的是順其自然的人，人所幫助的是誠信者。』我的弟弟若常常守信用並順其自然，如此，名與位豈可限量！

我們湖南近日風氣蒸蒸日上，凡是在軍營中的人，個個講求爲將方略，講求品行，并且講求學術。弟與沅弟既然在軍營中，希望以講求將略爲第一要務，點名看操等粗淺事，務必親自辦理，訓練膽量預料敵情等精微事，務必苦苦思索。品行與學術兩者，也宜以餘力自我勉勵。目前能做一個湖南的出色之人，後世則將推舉爲天下罕見之人。做大哥的豈不欣然啊！

評點

這是曾氏在咸豐十年六月給他最小的弟弟國葆寫的。曾氏很少單獨給國葆寫信，這是因爲他很少獨立行動。咸豐二年底，曾氏出山辦團練時曾帶他在身邊，後又任命他爲營官，但國葆仗打得不好，故而在咸豐四年整頓時被裁撤回家，直到咸豐九年纔再次出山，投靠在湖北巡撫胡林翼的帳下。胡林翼給他一支人馬，由他統領。不久，他的這支人馬與沅甫的吉字營合爲一體，圍攻安慶。此時，他正與沅甫同在安慶城外軍營。早兩天，國葆升了官：以訓導加國子監學正銜。曾氏寫信祝賀，這兩段話即此信的基本內容。國葆比曾氏小十八歲，故而此信的語氣極爲和緩温婉，猶如對子侄言，每句話都說得實實在在，不講大道理，其中關於湘軍將領人人講求將略、品行、學術的幾句話，更爲我們留下當年湖湘從軍士人嶄新風貌的實録。『目前能做到湖南出色之人，後世即推爲天下罕見之人』兩句，固然是曾氏對小弟的鼓勵期望，但也可從中看出湘軍在當時海內的特殊地位。

原文　力除官氣

吾批二李詳文云：『須冗員少而能事者多，入款多而坐支者少。』又批云：『力除官氣，嚴裁浮費。』弟須囑輔卿二語：『無官氣，有條理。』守此行之，雖至封疆不可改也。

譯文

我批覆二李所上的報告說：『必須冗員少而能幹事的多，進的銀子多而支出的銀子少。』又說：『竭力除掉官氣，嚴格裁減不必要的開支。』弟必須叮囑文輔卿兩句話：『没有官氣，辦事要有條理。』守着這幾句話行事，即便做到封疆大吏也不可改變。

評點

什麼是官氣？從曾氏的批文中可知當時官氣主要的表現有：不幹事，開支大，無條理。衡之於今日的衙門機關，實有驚人相似之處。看來官氣的根除，有賴於行政管理體制上的根本改變。

原文　痛恨不愛民之官

凡養兵以爲民，設官亦爲民也。官不愛民，余所痛恨。

譯文

凡養兵是爲了民衆，設置官府也是爲了民衆。官員不愛民衆，這是我所深爲痛恨的事。

評點

兵爲民所供養，官亦爲民所供養，兵要愛民，官亦要愛民，這本是天經地義又簡單至極的道理。

但事實上，許多兵不愛民，許多官亦不愛民，此中原因何在？在於手中有刀，手中有權，便有所依恃，便可以做出不講道理的事來。歸根結底，是强權使之異化了。

原文　不輕進人不妄親人

然不輕進人，即異日不輕退人之本；不妄親人，即異日不妄疏人之本。

譯文

然則不輕易進人，即是將來不輕易退人的基礎；不隨便親近人，即是將來不隨便疏遠人的基礎。

評點

不輕不妄，説的都是慎重、穩重、鄭重方面的意思。古人説爲政在穩，曾氏向來推崇一個重字，其原由即在此。

原文　擇術不慎

吾家兄弟帶兵，以殺人爲業，擇術已自不慎，惟於禁止擾民、解散脅從、保全鄉官三端，痛下工夫，庶幾於殺人之中寓止暴之意。

譯文

我家兄弟帶兵打仗，以殺人作爲職業，選擇的工作已是不慎重了，祇有在禁止擾民、解散脅從、保全地方官三點上痛下工夫，或許可以在殺人之中寄寓止暴的意思。

評點

曾氏所説的殺人，自然是指的殺太平軍將士。對於太平軍將士，曾氏一貫主張痛加誅戮，甚至對待俘虜，也曾説過『一律剜目凌遲』這樣血淋淋的話。但讀這段話，又可見他並不以此爲好事。過去的研究者，一定認爲曾氏『擇術』『不慎』的話是虛僞。其實，對曾氏來説，並不存在虛僞不虛僞的問題。站在維護綱紀的立場，他對叛亂分子要堅决鎮壓；站在人性的立場，他畢竟對人的生命心有憐惜。

原文　説話要中事理擔斤兩

凡説話不中事理、不擔斤兩者，其下必不服，故《説文》『君』字『后』字從口，言在上位者出口號令，足以服衆也。

譯文

凡説話不中事理、没有分量的，他的下屬必不服氣。故而《説文》的『君』字『后』字都從口，意思是說在上位者從口裏發出命令，足以服衆。

評點

曾氏看人口訣中有兩句話：『若要看條理，全在言語中。』這的確是經驗之談。言語是思維的外在表現，沒有言語上東拉西扯、前後矛盾而思維上清晰明瞭、有條有理的。

原文　不忍獨處富饒

近世所稱羡督撫之榮，不外宮室衣服安富尊榮等事，而侄則受任於敗軍之際，奉命於危難之間，所居僅營中茅屋三間，瓦屋一間，所服較往歲在京尤爲減省。自去冬至三月，常有賊黨十餘萬，環繞於祁門之左右前後，幾無日不戰，無一路不梗，晝無甘食，宵有警夢，軍士欠餉至五月六月之久，侄亦不忍獨處富饒，故年來不敢多寄銀錢回家，並不敢分潤宗族鄉黨者，非矯情也。一則目擊軍士窮窘異常，不忍彼苦而我獨甘，一則上念高曾以來，歷代寒素，國藩雖忝食舊德，不欲享受太過，爲一己存惜福之心，爲闔族留不盡之澤。此侄之微意，十叔如訪得營中家中，有與此論不相符合之處，即請賜書詰責，侄當猛省懲改。

譯文

近世所稱讚羡慕總督巡撫的榮耀，不外乎宮室壯麗衣服豪華安富尊榮等等，但侄兒則是在軍事失敗、時事危難的時候受任奉命，所居住的僅軍營中的三間茅屋、一間瓦屋，所穿的比先前在京師更爲

節省。自去年冬天到今年三月，常有賊衆十多萬，環繞在祁門的前後左右，幾乎沒有哪天不打仗，沒有一條路不遭到梗阻，白天食則無味，夜裏不能安睡，軍士欠餉達五六個月之久，侄兒也不能一個人獨自富饒。故而近年來不敢多寄銀錢回家，也不敢分贈各位親戚同鄉，這並不是矯情。一則眼見軍士們異常艱苦，不忍心他們苦而我獨好，一則想到高祖、曾祖以來歷代皆清寒，國藩雖然蒙受祖宗世德，但也不想享受太過，爲一己保存惜福之心，爲曾氏全族留下享用不盡的福澤。這是侄兒的微意，十叔您若訪得軍營中的情況及家裏的情況，有與所說的不相符合之處，即請寄信來指責，侄兒當猛省而痛加改正。

評點

這是曾氏寫給他的堂叔曾丹閣的信。曾丹閣與曾氏年紀相彷彿，二人同學達十年之久，但他的功名祇止於秀才。道光二十四年三月，曾氏在給温弟沅弟的家信中提到他的情況：『丹閣叔與寶田表叔昔與同硯席十年，豈意今日雲泥隔絶至此！知其窘迫難堪之時，必有飲恨於實命之不猶者矣。丹閣戊戌年曾以錢八千賀我。賢弟諒其景況，豈易辦八千者乎？以爲喜極，固可感也，以爲釣餌，則亦可憐也。』曾丹閣不僅功名不順，且經濟狀況也不好。曾氏中進士時他送錢，其目的有釣魚之嫌。瞭解這個背景後，便知曾丹閣很可能是向曾氏開口要一筆錢，曾氏便以此信回覆他。

原文　多選替手爲第一義

辦大事者，以多選替手爲第一義，滿意之選不可得，姑節取其次，以待徐徐教育可也。

譯文

辦大事的人以多選拔替手爲第一要務。滿意之選不可能得到，姑且節選其次等的，以待慢慢教育，這樣也是可以的。

評點

所謂替手，就是能够代替自己的人，部分代替的人即部下，全部代替的人即接班人。辦大事的人因爲事大事繁，必須要有很多能幹的人來代替自己，所以要『多選替手』。曾氏歷來十分重視人的作用，故而他將此事列爲『第一義』。曾氏的這個觀點，道出了他成大事的秘訣，也向來爲辦大事者所稱道所重視。

原文　懷臨深履薄之懼

古來成大功大名者，除千載一郭汾陽外，恒有多少風波，多少災難，談何容易！願與吾弟兢兢業業，各懷臨深履薄之懼，以冀免於大戾。

吾兄弟誓拼命報國，然須常存避名之念，總從冷淡處着筆，積勞而使人不知其勞，則善矣。

譯文

古來成就大功大名的，除開千年一個郭子儀外，常有多少風波，多少災難，談何容易！願與我弟兢兢業業，各自懷着臨深履薄的恐懼之心，以求得免於大災難。

我們兄弟發誓拼命報國，然而也必須常常存着避名的念頭，總是要從冷淡之處致力，積勞而又讓人不知道你在勞苦，這樣纔好。

評點

作爲一個成就大功大名的人，曾氏能常存臨深履薄之心，這是他的過人之處。避名避利，即臨履心態表現在外的兩個重要方面。其實，不必有大功大名纔如此，即便是小有功名也得有這種心態纔好。

原文　處大位大權能善末路者少

處大位大權而兼享大名，自古曾有幾人能善其末路者？總須設法將權、位二字，推讓少許，減去幾成，則晚節漸漸可以收場耳。

譯文

處在高位擁有大權又兼享大名的人，自古以來曾有幾個下場好的，總得設法將權與位兩個字推讓一些，减去幾成，則晚節可以漸漸保住。

評點

有的人處高位還想更高，擁重權還想更重，享大名還想再大，但曾氏却認爲這樣做難善末路，因而他要推讓要减去，對待權、位、名如此不同的態度，顯現出人的不同境界和追求。

原文　上奏摺是人臣要事

吾兄弟報稱之道，仍不外『拼命報國側身修行』八字。至軍務之要，亦有二語曰：『堅守已得之地，多籌遊擊之師』而已。

初膺開府重任，心中如有欲説之話，思自獻於君父之前者，盡可隨時陳奏。奏議是人臣最要之事，弟須加一番工夫。弟文筆不患不詳明，但患不簡潔，以後從簡當二字上着力。

譯文

我們兄弟報答的方法，仍然不外乎『拼命報國側身修行』八個字。至於軍務上的要點，也有兩句話，叫做：『堅守已獲得的地方，多籌劃遊擊之師』而已。

剛剛肩負起巡撫的重任，心裏如果有想説的話要呈獻給皇上，儘可隨時上奏。擬奏摺是做人臣的

最重要的事情，弟必須爲此再多用一番工夫。弟的文筆不怕不詳盡明白，怕的是不簡潔，以後要從簡當二字上用功。

評點

同治二年三月二十八日，曾氏接到任命老九爲浙江巡撫的諭旨，當天寫信告訴身在雨花臺軍營的九弟，信中勉勵以盡心於軍事和個人修養來報答君恩。四月初一日，由謝恩摺而談到奏摺事，希望九弟今後在這方面多下點工夫。爲幫助老九提高辦摺的水平，曾氏後來專門從歷代好的奏摺之中挑選十九篇經典之作，分段予以講解，又作總體評析，爲之取名曰《鳴原堂論文》。

原文　以明强爲本

來信『亂世功名之際尤爲難處』十字，實獲我心。本日余有一片，亦請將欽、督篆二者，分出一席，另簡大員。吾兄弟常存此兢兢業業之心，將來遇有機緣，即便抽身引退，庶幾善始善終，免蹈大戾乎！至於擔當大事，全在明强二字。《中庸》學、問、思、辨、行五者，其要歸於『愚必明，柔必强』。弟向來倔强之氣，却不可因位高而頓改。凡事非氣不舉，非剛不濟，即修身齊家，亦須以『明强』爲本。

譯文

來信中的『亂世功名之際尤爲難處』十個字，確實很合我的心思。今天我有一道奏片，也請將欽

差大臣與兩江總督兩個職務分出一個，另委派一個大員承擔。我們兄弟常常存着這份兢兢業業的心，將來遇到機會，便脱身引退，或許能够善始善終，免於碰上大禍災。至於擔當大事，則全在明强兩個字上。《中庸》裏説的學、問、思、辨、行五個方面，其重點要落脚在『雖愚但必須明，雖柔但必須强』這個道理上。弟向來有一股倔强之氣，不要因爲官位高而立即改變。凡事没有氣則不能辦，没有剛則不能成功，即便是修身齊家，也必須以明强爲本。

評點

倔强好勝，是曾氏與其九弟在性格上的相同之處。曾氏説他們兄弟的這種性格是『秉母德』。祇是因爲曾氏仕途早達且更事多，加之智慧上要高出一籌，故而能將此一性格的負面看得較爲透徹，於是後來屢屢對自己强行檢束，並時常以此勸諭老九。現在看到身爲巡撫的弟弟能有『亂世功名之際尤爲難處』的感慨，他很高興，欣喜兄弟對世事的認識已漸成熟。但此時的老九畢竟擔負攻堅重任，處在與對手拼倔拼强非勝不可的關鍵時刻，決不能有因『難處』而萌發的退縮心態，故而要以明强來予以止住。

原文　居上位而不驕極難

弟於吾勸誡之信，每不肯虚心體驗，動輒辯論，此最不可。吾輩居此高位，萬目所瞻。凡督撫是己非人、自滿自足者，千人一律。君子大過人處，祇在虚心而已，不特吾之言當細心尋繹，凡外間有逆耳之言，皆當平心考究一番，故古人以居上位而不驕爲極難。

譯文

弟對於我的規勸告誡的信，每每不肯虚心體會，動輒辯論，這是最不可以的事。我們居此高位，萬目所瞻視。大凡總督巡撫自以爲是指責别人、自我滿足這種現象，一千個都是一樣的。君子大過於别人的地方，祇是在虚心而已。不僅我的話應當細心研究，凡是外間有逆耳之言，都應當平心静氣地考察一番，故而古人認爲居上位而不驕矜是極難做到的。

評點

做了巡撫的老九，未免官大氣粗，常常要與大哥分辯分辯，年長十四歲的大哥心裏不大樂意。但即使是這種時候的批評，曾氏也能從大處遠處着眼，指出虚心是君子的過人之處，對於身處高位的人來説，這點更爲重要。

原文　不可市恩

凡大臣密保人員，終身不宜提及一字，否則近於挾長，近於市恩。此後予與湘中函牘，不敢多索協餉，以避挾長市恩之嫌。弟亦不宜求之過厚，以避盡歡竭忠之嫌。

譯文

凡大臣密保人員，一輩子都不宜在此事上提一個字，否則近於挾功，近於要人家感謝恩德。此後我與湖南的書信，不敢多索取協助之餉，以避開挾功要人感謝的嫌疑。弟也不宜索求過多，以避開人家要竭力討好你的嫌疑。

評點

這段話的前面有一句『惲中丞余曾保過』的話。惲中丞即惲光辰，曾經得到過曾氏的保薦，也就是説受過曾氏的恩惠。此時惲正做湖南巡撫。大臣向朝廷保薦人員，這是大臣爲國舉賢，乃本身職責，不應因此而向被保過的人索取報答，而且不宜對人説起這事，因爲一旦説出，便有希望別人答謝的一層意思在内。曾氏説的是一種很高的境界，事實上一般人很難做到。當今世道，保人薦人，祇要是出以公心不爲私利，透露出來祇是爲了讓人心裏明白而不索取錢物或其他好處，這種人大概也就是君子了。

原文　大事有天運與國運主之

不特余之並未身臨前敵者，不敢涉一毫矜張之念，即弟備嘗艱苦，亦須知謀事在人成事在天、勞績在臣福祚在國之義，刻刻存一有天下而不與之意，存一盛名難副、成功難居之意。蘊蓄於方寸者既深，則僥幸克成之日，自有一段謙光，見於面而盎於背。

大事實有天意與國運爲之主持，非吾輩所能爲力所能自主者。虛心實力勤苦謹慎八字，盡其在我者而已。

余昨日具疏告病，一則以用事太久，恐中外疑我兵權太重，利權太大，不能不縮手以釋群疑。一則金陵幸克，兄弟皆當引退，即以此爲張本也。

事事落人後着，不必追悔，不必怨人，此等處，總須守定畏天知命四字。金陵之克，亦本朝之大勳，千古之大名，全憑天意主張，豈盡關乎人力？天於大名吝之惜之，千磨百折，艱難拂亂而後予之。老氏所謂不敢爲天下先者，即不敢居第一等大名之意。弟前歲初進金陵，余屢信多危悚儆戒之辭，亦深知大名之不可强求。今少荃二年以來，屢立奇功，肅清全蘇，吾兄弟名望雖減，尚不致身敗名裂，便是家門之福。老師雖久而朝廷無貶辭，大局無他變，即爲吾兄弟之幸。祇可畏天知命，不可怨天尤人，所以養身却病在此，所以持盈保泰亦在此。千囑千囑，無煎迫而致疾也。

譯文

不僅我這個並未身臨前敵者，不敢有一絲毫驕矜誇耀的念頭，即便是弟備嘗艱苦，也必須知道謀事在人成事在天、勞苦在人臣福氣在國家的道理，時刻存一個即便有天下也不參與的念頭，存一個盛名難副、成功難居的念頭。這些念頭蘊蓄於心中深入了，則在大功告成的時候，自然有一種謙虛之光，顯露出舉止言行的各個方面。

大事確實是有天意與國運在主持，不是我們所能爲力所能自行做主的，祇有虛心實力勤苦謹慎這八個字，是我所要盡力的。

我昨天上摺報告病情，一則因爲任事太久，擔心朝中及外省懷疑我的兵權太重、利權太大，不能不將手縮回以釋群疑。一則金陵城幸而克復，我們兄弟都應當引退。這道摺子即預爲張本。

事事落在别人的後面不必追悔，不必怨人，這些地方總是要守定畏天知命四個字。金陵的攻克，也是本朝的大功勳，千古的大名，全憑天意來主張，哪裏是完全關係到人力？天對於大名是吝惜的，千磨百折，艱難困苦坎坷曲折而後纔給予。老子所謂不敢爲天下先這句話，即不敢居第一等大名的意思。弟前年剛進駐金陵城下，我屢次信中多説的是危悚儆戒的話，也是出於對大名不可强求的深知。現在李少荃兩年來屢立奇功，肅清整個蘇州地區，我們兄弟的名望雖然减退，尚不至於身敗名裂，這便是家門之福。軍隊雖駐城外很久但朝廷没有貶辭，大局没有其他的變化，這就是我兄弟的幸運。祇可畏天知命，不可怨天尤人，養身去病在這裏，持盈保泰也在這裏。千囑千囑，不要使心受煎迫而招致疾病。

評點

此處所抄録的這四段話，分别出自同治三年正月二十三日、三月十二日、三月二十六日、四月二十日，曾氏給老九的家信。老九在六月十六日那天用炸藥炸開金陵城墻，算是拿下這座圍了整整兩年的太平天国都城。在此之前，以一個吉字營（剛開始兵力不足二萬，最後增至近五萬）圍困周長九十

里的天下第一城，朝野内外普遍都不看好，祇是一則礙於曾氏的面子，二則鑒於老九有打下安慶的經驗在前，故而不公開提出異議。進入同治三年，浙江、蘇南的戰事已十分利於清廷。二月，左宗棠收復杭州，四月，李鴻章繼先前十月收復蘇州後又收回常州，左、李的頻頻得手對老九既有利又不利。有利，是因此進一步瓦解太平軍的軍心，不利是將太平軍都趕到金陵城内城外，對老九的壓力更大。金陵戰役隨時都有可能出現意外，圍城兩年的辛勞隨時都有可能功虧一簣，而隨着江南各城一座座的收復，認爲老九勞師耗餉的人開始從腹非到公開的議論。到了四月，便有李鴻章援助攻金陵的説法出來，令老九在强大的壓力下又增添幾分惱怒。這便是曾氏這段時期的家書背景。曾氏所説的『謀事在人，成事在天』、『大事實有天意與國運爲之主持』等等，意在鬆弛老九的焦灼，而『不敢爲天下先』等等，意在勸老九不必獨佔天下第一功，與人合攻金陵的意見也是可以接受的。

原文　天下多有不深知之人事

弟此次赴鄂，雖不必傚沈、蔣之枉道干譽，然亦不可如雲仙之譏侮紳士，動成荆棘，大約禮貌宜恭，銀錢宜鬆，背後不宜多着貶詞，縱不見德，亦可以遠怨矣。

督撫本不易做，近則多事之秋，必須籌兵籌餉。籌兵則恐以敗挫而致謗，籌餉則恐以搜括而致怨，二者皆易壞聲名。而其物議沸騰，被人參劾者，每在於用人之不當。沅弟愛博而面軟，向來用人失之於率，失之於冗，以後宜慎選賢員，以救率字之弊，少用數員，以救冗字之弊。位高而資淺，貌貴温恭，心貴謙下。天下之事理人才，爲吾輩所不深知不及料者多矣，切勿存一自是之見。用人不率冗，

心存不自滿，二者本末俱到，必可免於咎戾，不墜令名。

謝絶陋習，慎重公事，嚴密以防門內，推誠以待制府，數者皆與余見相合，聲譽亦必隆隆日起矣。

譯文

弟此次去湖北，雖然不必要倣法沈葆楨、蔣益澧那樣以不正派的作法賺得稱譽，但也不可像郭嵩燾那樣譏笑侮辱紳士，與別人相處很不好。大約禮貌上宜恭敬，銀錢上宜寬鬆，背後不宜多使用貶詞，縱使没有恩德，也可以遠離怨尤。

總督、巡撫這個官本不容易做，近世則是多事之秋，必須籌兵籌餉。籌兵則惟恐因爲打敗仗而招致謗讟，籌餉則惟恐因爲搜括銀錢而招致怨恨，這兩點都容易敗壞名聲。至於議論紛紛，被人參劾，則每每在於用人的不當。沅弟的愛心廣博而情面重，向來在用人上失之於輕率，失之於冗雜，以後宜慎選賢良人員，藉以挽救輕率的弊病，少用幾個人，以挽救冗雜的弊病。職位高而資歷淺，外貌上貴在温和恭敬，心思上貴在謙遜平易。天下的事理人才，爲我們所不深知不及料到的很多，切勿存一點自以爲是的想法。用人上不輕率冗雜，心裏不存自我滿足，這兩點上的方方面面若都做到了，必定可以免去咎戾，不損毁好名聲。

拒絶接受陋習，謹慎鄭重辦理公事，嚴格要求家人及僕役，與制臺、府、縣等推誠相待，這幾點

都與我的看法相合，聲譽也必定會一天天隆重興起。

評點

同治五年三月中旬，老九來到武昌，接任湖北巡撫一職。朝廷之所以任命老九爲鄂撫，主要目的還是想借重他的軍事才幹，配合正在剿捻戰場上的曾氏。老九無一天地方行政官員的經歷，一上任便做一省之長，身爲大哥的曾氏免不了要在這方面爲弟弟指點一番。這幾段分别見於該年三月十六、三月二十六、四月二十一日家信中的話，説的便是這些指點。歸納起來，其要點在：一善待紳士，二用人慎重，三對人謙敬，四拒絶陋習，五嚴防門內，尤其是『天下之事理人才爲吾輩所不深知不及料者多矣』這句話，真可爲一切處高位者之座右銘。

原文　學郭子儀

古稱郭子儀功高望重，招之未嘗不來，麾之未嘗不去。余之所處，亦不能不如此。

譯文

古時説郭子儀功高望重，尚且招之没有不來，揮之没有不離開。以我目前的處境，也不能不這樣。

評點

郭子儀功大位高而能持盈保泰，仗的是他不居功不自傲，始終對上司（皇上）謙恭盡職。曾氏很

欽佩郭子儀，時時以郭爲表率。

原文　從波平浪静處安身

嗣後奏事，宜請人細閲熟商，不可壹意孤行是己非人爲囑。弟克復兩省，勳業斷難磨滅，根基極爲深固，但患不能達，不患不能立，但患不穩適，不患不峥嶸。此後總從波平浪静處安身，莫從掀天揭地處着想。吾亦不甘爲庸庸者，近來閲歷萬變，一味向平實處用功，非萎靡也，位太高，名太重，不如是，皆危道也。

譯文

以後上奏言事，宜請人仔細閲讀反覆商量，不可一意孤行肯定自己指責别人，這是我的叮囑。弟收復兩個省城，勳業絶對難以磨滅，根基極爲深固，祇怕不能通達，不怕不能成立，祇怕不穩妥，不怕不峥嶸。從此以後總要從波平浪静處安身，不要從掀天揭地處着想。我也是不甘於做一個平庸的人，祇是因爲近來閲歷了許多變故，於是一味向平實處用功，這並不是精神萎靡，而是因爲職位太高，名望太重，不如此，則都是危險的道路。

評點

老九三月到武昌接任，八月便上疏參劾官文。官文在武昌做了十年的湖廣總督，是個滿人大學士，雖無能，却還能與胡林翼長期共事，没想到曾老九一來便與他鬧翻了。且看老九是如何告狀的。

老九爲官文列了四條罪狀：貪庸驕蹇、欺罔徇私、寵任家丁、貽誤軍政，並附官文劣迹事實。這些劣迹分爲六個方面：濫支軍餉、冒保私人、公行賄賂、添受陋規、彌縫要路、習尚驕矜。奏疏中還説官文『賄通肅順』。肅順是慈禧最恨的人，『賄通肅順』便有肅黨之嫌，這有點將官文往死裏整的味道。這道彈章確實够厲害。老九之所以要彈劾官文，是因爲官文貽誤他的軍情。曾氏雖然也討厭官文，但他却不同意老九這樣做。事前就表示異議，而老九不聽勸告，一意孤行。

曾氏看到老九抄送的副本後，很生氣。他在正月十七日給紀澤的信中説得很明白：『沅叔劾官相之事，此間平日相知者如少泉、雨生、眉生皆不以爲然，其疏者亦復同辭。聞京師物論亦深責沅叔而共恕官相，八旗頗有恨者。爾當時何以全不諫阻？頃見邸抄，官相處分當不甚重，而沅叔構怨頗多，將來仕途易逢荆棘矣。』五天後，曾氏給老九寫信，此處所抄的這段話，幾乎爲該信的全部内容。『壹意孤行是己非人』八個字，已明確表示他不贊同老九的這份讓内外議論紛紛的《劾督臣疏》。

原文　疏語不可太堅

少荃屢言『疏語不可太堅，徒覺痕迹太重，而未必能即退休。即使退休，一二年而他處或有兵事，仍不免詔旨促行，尤爲進退兩難』等語，皆屬意中事理。余是以反覆籌思，迄無善策。

譯文

李少荃屢次説『奏疏中的話不可以説得太絶對，祇能使人覺得做作工夫太重，而事實上也不能保證就能退休，即使退休，過一二年或許别的地方有戰事，仍不免有聖旨催促前行，到那時尤爲進退兩難』等話，都屬於切中事理的話。我於是反覆籌思，迄今尚無良法。

評點

李鴻章這句話，道出一種『人在江湖，身不由己』的無奈。官員食朝廷俸禄，是没有個人意志的，對朝廷説『太堅』的話，一無必要，二無可能。

原文　富貴常蹈危機

大約凡做大官，處安榮之境，即時時有可危可辱之道，古人所謂『富貴常蹈危機』也。紀澤臘月信言宜堅辭江省，余亦思之爛熟，平世辭榮避位，即爲安身良策，亂世辭榮避位，尚非良策也。

譯文

大約凡作大官，身處安適榮耀的境地，即時時有可能發生危險出現耻辱，這就是古人所説的『富貴常常導致危機』。紀澤臘月信裏説宜堅決辭去兩江總督職務，對此我也思之爛熟，承平時迴避榮譽高位，即是安身的良策，混亂時迴避榮譽高位，尚非良策。

評點

大富大貴爲許多人所羨慕所追求，其實，若不懂得善處富貴，則反而易招致危機。這是因爲富貴容易轉手，它不像智慧、才能等雖也爲人所羨慕追求，但不易於轉手。轉手之際，原主便不免受危受

辱。所以擁有富貴，不如擁有才智。

原文　亂世爲司命是人生之不幸

吾所過之處，千里蕭條，民不聊生。當亂世，處大位而爲軍民之司命者，殆人生之不幸耳。弟信云英氣爲之一沮，若兄，則不特氣沮而已，直覺無處不疼心，無日不懼禍也。

譯文

我所經過的地方，千里蕭條，民不聊生，生逢亂世，身處主宰軍隊百姓性命的高位，真的是人生的不幸。弟信中説英邁之氣因爲此而沮喪，對於兄來説，則不僅僅是志氣沮喪而已，簡直覺得無處不使心裏疼痛，無日不懼怕災禍發生。

評點

男兒英氣多體現在軍旅上，所以從古到今，許多男人都渴望殺敵建軍功。然而，長年戰爭帶給世界的是什麽呢？正是曾氏所説的『千里蕭條，民不聊生』。曾氏身爲軍營統帥，却認爲這是『人生之不幸』，與那些以軍功而沾沾自喜的人相比，的確展現出的是兩個不同的人生境界。

原文　處此亂世寸心惕惕

余意此時名望大損，斷無遽退之理，必須忍辱負重，咬牙做去，待軍務稍轉，人言稍息，再謀奉

身而退。處兹亂世，凡高位、大名、重權三者皆在憂危之中。余已於三月六日入金陵城，寸心惕惕，恒懼罹於大戾。弟來信勸我總宜遵旨辦理，萬不可自出主意。余必依弟策而行，盡可放心。禍咎之來，本難逆料，然惟不貪財、不取巧、不沽名、不驕盈四者，究可彌縫一二。

譯文

我認爲這個時候名望大受損傷，絕對没有立即退休的道理，必須忍辱負重，咬緊牙關去做，待軍情稍有變化，別人的指責稍有停止，再思考如何保全自身而退休。身處如此亂世，凡高位、大名、重權這三者都在憂慮危險當中。我已在三月六日進入金陵城，心裏警惕，時常擔心遭遇大禍。弟來信勸我總宜遵照聖旨辦事，萬不可自己出主意。我必會依照弟的計策而行事，盡可放心。災禍的到來，本難預料，然而惟有不貪財、不取巧、不沽名釣譽、不驕傲自滿這四者，究竟可以彌補一二。

評點

擁有高位、大名、重權却常存警惕懼禍之心，這便是曾氏的與衆不同之處。以修身來減輕災禍，這是曾氏面臨不測之局所採取的應對。

原文　以菲材居高位

自以菲材久竊高位，兢兢栗栗，惟是不貪安逸，不圖豐豫，以是報國家之厚恩，即以是稍息祖宗之餘澤。

譯文

我自認爲是以菲薄之材而長久佔據高位，戰戰兢兢，因而不貪安逸，不圖豐豫，以此來報答國家的厚恩，也即以此來稍稍延長祖宗的餘澤。

評點

大凡做大官者都自以爲才高，許多事便壞在這個自以爲上。曾氏居高位却自以爲才不高，故而有愧歉之感，心存謹慎，不貪享樂，於是能够持盈保泰。

原文　清介謙謹

沿途州縣有送迎者，除不受禮物酒席外，爾兄弟遇之，須有一種謙謹氣象，勿恃其清介而生傲惰也。

譯文

沿途州縣官員有送迎的，除不接受禮物和赴酒席外，你們兄弟遇到這種場合，必須有一種謙虚謹慎的態度，不要依恃自己的清介而生發出傲慢的情緒來。

評點

清介固然好，而冷淡傲慢等態度又常常是它的伴生物，這種態度顯然不好。故曾氏提醒兒子，在與官場打交道時，既要清介，又要謙謹。

原文　危難之際斷不可吝於一死

余自咸豐三年募勇以來，即自誓効命疆場，今老年病軀，危難之際，斷不肯吝於一死，以自負其初心。

譯文

我自從咸豐三年募勇以來，即自我發誓以性命効力於戰場，現在已是老年又兼病軀，在國家危難的時候決不願捨不得一死，而違背自己當初的心願。

評點

同治九年夏，天津城爆發大教案，正在休病假的直督曾氏，不顧自身的重病，決計奉旨赴天津處理此事。臨行時，給兩個兒子留下一封類似遺書的信件。其中便有上面的這幾句話。其『効命疆場』的話，可參見黎庶昌編的曾氏年譜『咸豐三年』一節：曾氏『又以書遍致各府州縣、士紳……其書中有「不要錢，不怕死」二語，公所自矢者，一時稱誦之』。

原文　盛氣與自是

見羅、瞿、江三縣令，因語言不合理，余怒斥之甚厲，頗失爲人上者泰而不驕、威而不猛之義。

九弟信言古稱君有諍臣，今兄有諍弟。余近以居位太高，虛名太大，不得聞規諫之言爲慮。若九弟果能隨事規諫，又得一二嚴憚之友，時以正言相勸勖，內有直弟，外有畏友，庶幾其免於大戾乎！居高位者，何人不敗於自是？何人不敗於惡聞正言哉？

譯文

見羅姓、瞿姓、江姓三位縣令，因爲説話不合道理，我憤怒斥責他們，態度很嚴厲，頗爲有失處於上位者，應該安泰而不驕肆、威嚴而不猛烈之本義。

九弟信中講，古人説君有諍臣，現在兄有諍弟。我近來所居的官位太高，虛名太大，以聽不到規諫之言而憂慮。若是九弟果然能遇事規諫，又能得到一二個令我敬畏的朋友，時時以正言激勵，內有直言的弟弟，外有令我敬畏的朋友，或許可以免去大過失！居高位者，何人不因自以爲是而失敗？何人不因討厭聽正直的話而失敗？

評點

咸豐十年四月，朝廷任命曾氏署理兩江總督，很快又令他正式擔任江督之職，並帶兵火速救援蘇南。這是曾氏帶兵七八年來所日夜渴望的地方實職，但在不知不覺間，因爲實職實權的到來又增加了曾氏的盛氣凌人與自大自是之感。這兩段寫於咸豐十年九月及十一月的日記，便是他對自己這種所暗中滋生的情緒的反思，並因此總結出『自是』、『惡聞正言』是居高位者失敗的主要原因。

原文　修建富厚堂用錢七千串

聞家中修整富厚堂屋宇，用錢共七千串之多，不知何以浩費如此，深爲駭嘆。余生平以起屋買田，爲仕宦之惡習，誓不爲之，不料奢靡若此，何顔見人？平日所説之話，全不踐言，可羞孰甚！

譯文

聽説家中修整富厚堂房屋，用錢共七千串之多，不知為何有這樣大的花費，深爲此事恐懼嘆息。我平生將起屋買田視爲官場的惡習，發誓不爲，不料家裏竟奢侈靡費如此，何顔面見人？平時所説的話，完全不實行，還有比這更羞愧的嗎？

評點

同治五年，歐陽夫人率子女離開南京回湘鄉。這年冬天，在家建成新居，名曰富厚堂。這座建築規模宏大，至今大致保存完好。現在所説的曾氏故居，就是富厚堂，但實際上，曾氏本人從未在此住過。曾氏一向節儉，花這麽多的錢起屋，是與他的作風相違背的。過幾天曾氏給兒子寫了封信，信上説：『富圫修理舊屋，何以花錢至七千串之多？即新造一屋，亦不應費錢許多。余生平以大官之家買田起屋爲可愧之事，不料我家竟爾行之。澄叔諸事皆能體我之心，獨用財太奢與我意大不相合。凡居官不可有清名，若名清而實不清，尤爲造物所怒。我家欠澄叔一千餘金，將來余必寄還，而目下實不能遽還。』可知富厚堂的修建，在家主事的老四起了很大的作用，并且還借給大哥家一千多兩銀子，當然，歐陽夫人和紀澤、紀鴻兄弟一定是熱心操辦者。由此可知，即便是曾氏這樣的表率，要做到『刑於寡妻，以至於兄弟』，也是很難的。

原文　愧悔八兩銀子打造銀壺

李翥漢言照李希帥之樣打銀壺一把，爲炖人參燕窩之用，費銀八兩有奇，深爲愧悔。今小民皆食草根，官員亦多窮困，而吾居高位驕奢若此，且盗廉儉之虚名，慚愧何地！以後當於此等處痛下針砭。

譯文

李翥漢説按照李希庵的様子打造銀壺一把，作爲炖人參燕窩之用，花費銀子八兩多，深爲慚愧悔恨。眼下小老百姓都吃草根，官員也多窮困，而我身居高位驕奢如此，而且偷得廉潔節儉的虚名，慚愧何極！以後應當在這些地方痛加檢討。

評點

歷史上處曾氏權位的人，家中食用器皿全是金銀的也不少，但曾氏却由八兩銀子打造銀壺一事，想到食草根的小民，並因此而深爲愧悔，的確難能可貴。

原文 宰相妨功者多

陳湯斬郅支單于之首，匡衡抑其功，僅得封關内侯；郝靈荃得突厥默啜之首，宋璟抑其功，僅得授郎將。其後湯以非罪而流，靈荃以慟哭而死。宰相妨功，病能人之得伸於其志者多矣。

譯文

陳湯斬郅支單于的腦袋，匡衡壓抑他的功勞，僅得到關内侯的封爵；郝靈荃獲得突厥默啜的首級，宋璟壓抑他的功勞，僅得郎將的授與。之後陳湯以無罪而流放，郝靈荃以慟哭而死。宰相妨礙別人的功勞，害怕能幹人伸展他的志向，這種事例很多。

評點

宰相乃人臣之極，他的職責爲調和陰陽，用現代語言表述即爲協調、平衡、整合國家大計。這種職能意味不必自己親身建立多大的功業，而在於綜合別人的功勞，於是宰相之選首在賢德。胸懷寬廣，不忌賢妒能，便是賢德的重要内容。曾氏晚年官拜武英殿大學士，也就是宰相了。這段讀史札記，顯然意在以匡衡、宋璟爲戒。

原文 功高震主

唐宣宗之立，不能平於李德裕至毛髮爲之灑淅，此與霍光驂乘而宣帝芒刺在背者何以異？功高震主，或不無自伐之容，『公孫碩膚，赤舄幾幾』。此周公所以爲大聖也。

譯文

唐宣宗繼位時，因李德裕權勢煊赫心中不平以至於毛髮寒栗，這與因霍光陪同而使得漢宣帝有芒刺在背之感有什麽不同？功高震主，免不了有自我矜耀的表現，如同《詩經》中所説的『公孫壯健威武，脚上赤鞋高高翹起』。這就是周公之所以爲大聖人的原因。

評點

功高震主，後果不妙。這一中國歷史上常見的現象，翰林出身的曾氏是牢牢記在心中的，尤其在金陵打下後，他處處防患此一現象在他身上重演。曾氏爲此給中國史册提供了一份成功避免功高震主現象再次出現的範例。

原文 人才以陶冶而成

人才以陶冶而成，不可眼孔甚高，動謂無人可用。

譯文

人才靠培養而成，不可以眼界很高，動不動就説没有人可以用。

評點

這是曾氏人才思想的一個很重要的内容，即領導者要主動培養人才，他曾經説過『山不能爲大匠別生奇木，天亦不能爲賢主更生異人』，而在於主事者去發現去培養。

原文　一省風氣依乎數人

治世之道，專以致賢養民爲本。其風氣之正與否，則絲毫皆推本於一己之身與心，一舉一動，一語一默，人皆化之，以成風氣。故爲人上者專重修身，以下之效之者速而且廣也。

一省風氣，依乎督、撫、司、道及首府數人，此外官紳，皆隨風俗爲轉移者也。周弢甫將赴上海催餉，稟辭暢談。余勉之以維持風教，勿自菲薄，引顧亭林《日知録》『匹夫之賤與有責焉』一節以勖之。

譯文

治理社會的辦法，一心以致賢養民爲本。它的風氣正還是不正，則點點滴滴都在於一己的身與心，一舉一動，一句話一次沉默，別人皆受影響，以形成風氣，故而處於衆人之上者一心一意注重修身，以使得屬下學習成效快而且廣。

一個省的風氣，依賴於總督、巡撫、兩司、道員及首府幾個人，此外的官吏紳士，都隨風俗而轉移。周弢甫將到上海催餉，前來辭行，彼此暢談。我勉勵他維持風俗教化，不要妄自菲薄，引顧炎武《日知録》中的『匹夫雖賤也有責任』一節來鼓勵他。

評點

古話説『賢者在位，能者在職』，在位者尤其是在高位者，不僅有決策和指導的作用，更有引導人心的作用。多數人心之所向，即爲一時之風俗，所以處高位者賢德最爲重要。

原文　督撫之道與師道無異

爲督撫之道，即與師道無異。其訓飭屬員殷殷之意，即與人爲善之意，孔子所謂誨人不倦也；其廣咨忠益，以身作則，即取人爲善之意，孔子所謂爲之不厭也。爲將帥者之於偏裨亦如此，爲父兄者之於子弟亦如此，爲帝王者之於臣工亦如此，此皆以君道兼師道，故曰『作之君，作之師』，又曰『民生於三，事之如一』，皆此義爾。

譯文

做督撫與做教師，這中間的道理没有不同。他訓飭下屬的殷切之情，即是與人爲善之意，也就是孔子所説的誨人不倦；他廣泛諮詢有益的忠告，以身作則，即是取人爲善之意，也就是孔子所説的爲之不厭。做將帥的對偏裨也是這樣，做父兄的對於子弟也是這樣，做帝王的對臣子也是這樣。這都是以爲君之道而兼爲師之道，故而説『作爲君王，作爲教師』，又説『民衆對於君、親、師，服事的心態是一樣的』，都是説的這個意思。

評點

督撫與教師，有相同處，有不相同處。相同處即曾氏這段話中所説的，不同處是督撫握有大權，他可以使屬下得到榮耀和俸禄，做教師的没有這個權，但做教師的通常對弟子有情義，而這一點做督撫的没有。曾氏之所以要將督撫與教師連在一起，即希望督撫也能像教師一樣對屬下有情義。曾氏自己做到了。人們稱讚他對部屬『有師弟督課之風，有父兄期望之意』。

原文　辦事的方法

爲政之道，得人、治事二者並重。得人不外四事，曰廣收、愼用、勤教、嚴繩；治事不外四端，曰經分、綸合、詳思、約守。操斯八術以往，其無所失矣。

近日公事不甚認真，人客頗多，志趣較前散漫。大約吏事、軍事、餉事、文事，每日須以精心果力，獨造幽奥，直湊單微，以求進境。一日無進境，則日日漸退矣。以後每日留心吏事，須從勤見僚屬、多問外事下手；留心軍事，須從教訓將領、屢閲操練下手；留心餉事，須從愼擇卡員、比較入數下手；留心文事，須從恬吟聲調、廣徵古訓下手。每日午前於吏事、軍事加意，午後於餉事加意，燈後於文事加意。以一縷精心，用於幽微之境，縱不日進，或可免於退乎！

每日應辦之事，積擱甚多。當於清早，單開本日應了之件，日内了之，如農家早起分派本日之事，無本日不了者，庶積壓較少。

譯文

處理政事的法則，是得人與治事二者並重。得人不外乎四件事，即廣泛收受、謹愼使用、勤加教誨、嚴格管理；治事不外乎四點，即分析、綜合、詳細思考、簡約把守。掌握這八種方法去處理政事，則不會有失手的。

近日裏對公事不很認真，人客較多，志趣比以前散漫。大約吏事、軍事、餉事、文事，每天必須以精心强力去獨自走進幽深，直奔細微之處，以求得進一步的境地。一日没有進步，則一天天地漸漸退步了。以後每天留心吏事，必須從勤於接見僚屬、多詢外間事情下手；留心軍事，必須從教訓將領、多次檢閲操練下手；留心餉事，必須從謹愼選擇釐卡辦事人員、比較進款下手；留心文事，必須從長吟聲調、廣泛徵考古訓下手。每天午前在吏事、軍事上多加注意，午後在餉事上多加注意，上燈後在文事上多加注意，以一股子精心用在深入細緻之處，即便不每天進步，或許可以免於退步吧！

每天應辦的事積壓很多，應當在一清早開出清單來，寫明今天應了結的事，則本日內了結，好像農家早上起來分派當天的事情一樣，沒有當天不了結的，這樣或許積壓較少。

評點

這三段日記説的是辦事。曾氏每天面對的公務自然多得很，他怎麽來處置呢？這裏告訴我們：一要找出本職工作的最主要事情是什麽，辦這些事情的最重要的方法是什麽。二是辦好事情的實處應落在哪裏。三要制定每天的工作指標。

原文　保舉太濫

國家以生殺予奪之權授之督撫將帥，猶東家以銀錢貨物授之店中衆夥。若保舉太濫，視名器不甚愛惜，猶之賤售浪費，視東家之貨財不甚愛惜也。介之推曰：『竊人之財，猶謂之盜，況貪天之功以爲己力乎！』余則略改之曰：『竊人之財，猶謂之盜，況假國家之名器，以市一己之私恩乎！』余忝居高位，惟此事不能力挽頹風，深爲慚愧。

譯文

國家將生殺予奪的權力交給督撫將帥，好比東家將銀錢財物交給店中的衆夥計。若是保舉太濫，不愛惜名器，好比賤賣浪費，對東家的財物不很愛惜。介之推説：『偷別人的財物，都稱之爲盜竊，何況貪天之功據爲己有呢！』我則略微改動，説：『偷別人的財物，都稱之爲盜竊，何況借國家的名器，來換取別人對你一人的感激呢！』我忝居高位，惟有此事不能力挽頹風，深引爲慚愧。

評點

湘軍軍營的保舉之風，曾泛濫到令人難以相信的地步。每打一仗，保舉單内的人名多達數百，連從未進過軍營的人也在保舉之列，甚至剛生下來的小孩名字也造進去了。之所以如此，原因雖多種多樣，但爲了私利而敗壞國家法規這一點是相同的，其結果是造成晚清吏治的腐敗透頂。曾氏一人也無法扭轉這股風氣，作爲湘軍統帥，他衹有慚愧而已。

原文　不輕於興作

古聖王製作之事，無論大小精粗，大抵皆本於平争、因勢、善習、從俗、便民、救敝，非此六者，則不輕於製作也。吾曩者志事，以老莊爲體，禹墨爲用，以不與、不遑、不稱三者爲法，若再深求六者之旨，而不輕於有所興作，則咎戾鮮矣。

譯文

古代聖明君王關於製作方面的事無論大小精粗，大致都本着平爭、因勢、善習、從俗、便民、救敝六個原則，不屬於這六點，則不輕於製作。我過去的想法是以老莊之道爲體，以大禹墨子的行爲爲用，以不佔有、不安逸、自認不稱職爲準則，若是再深爲探求這六點的要旨而不輕於興作，則獲咎就少了。

評點

曾氏一生崇尚儉樸，拒絶奢華。家中興建房屋耗錢七千串，他深爲恐駭。身處兩江總督衙門，他偶至西花園觀玩，便『深愧居處太崇，享用太過』（同治十年十一月二十九日記）。這段日記所説的『不輕於興作』，出於他一貫的作風。

原文　忍耐

耐乎！不爲大府所器重，則耐冷爲要；薪米或時迫窘，則耐苦爲要；聽鼓不勝其煩，酬應不勝其擾，則耐勞爲要；與我輩者，或以聲氣得利，在我後者，或以干請得榮，則耐閒爲要。安分竭力，泊然如一無所求者，不過二年，則必爲上官僚友所欽屬矣。此二年中，悉力講求捕盜之法，催科之方，此兩事爲江南尤急之務。一旦莅任，則措之裕如。人見其耐也如此，又見其有爲如彼，雖欲不彪炳，其可得乎？

譯文

忍耐吧！不爲上司所器重，則以忍耐冷寂爲要務；銀錢上可能有時窘迫，則以忍耐清苦爲要務；公事不勝其煩，應酬不勝其擾，則以忍耐勞累爲要務；同輩的或許有以名聲得利益，後進的或許有以巴結而得榮耀，則以忍耐閒散爲要務。安於分内所得竭盡全力去做事，淡泊得好像一無所求的人，不過兩年，則必定會被上司和同事所欽佩。這兩年中，努力去講求抓捕盜賊、催收錢糧的方法，這兩件事在江南尤爲急務。一旦到任視事，則會處置自如。别人見到這個人在忍耐上能那樣，在辦事上又能這樣，即便不想有好名聲，可能嗎？

評點

忍耐是什麽？忍耐即接受自己所不願意接受者。爲什麽要忍耐？因爲忍耐可以給人帶來好處。有些職業特别需要忍耐，而忍耐之後又能給人帶來特别大的好處，做官便是一例，故而許多做官者或本身就具備或磨煉後再具備這種本事。有許多人天生没有這種本事，故而無論如何不進官場，王冕是個典型；也有許多人再怎麽磨煉也煉不出這種本事，於是半途辭官，陶淵明是個典型。王冕、陶淵明被擡得很高，説他們人品高潔，其實，或許不是人品的問題，而是他們性格的問題，即他們性格上缺乏忍耐這一點。

這段話與上面所抄的那段話，都出自道光二十六年給黄廷贊的信。

原文　璞玉之渾含

外吏之難，蓋十倍於京輦。大約佩韋多休，佩弦多咎，而閣下尤爲要務。語曰『察見淵中魚者不祥』，願閣下爲璞玉之渾含，不爲水晶之光明，則有以自全而亦不失已。

譯文

在地方上做官，其困難十倍於京官。大約是性子慢則事不成，性子急則多差錯，而您尤其要注意這一點。古話説『把深水中的魚看得很清楚則招致不祥』，願您做渾含的璞玉，不做剔透的水晶，如此則可以自我保全而不會有過失。

評點

曾氏認爲君子所應具有的美德有八種，其一爲渾，即渾含，也就是説有時需要模糊一點，不必時時事事都精明剔透。聰明固然好，但有時聰明反被聰明累。水晶固然耀眼，但過於耀眼者則易於遭損害，反不如藏在石頭中的美玉能自愛自保。

原文　持其大端

國家政體，當持其大端，不宜區區頻施周罔，遮人於過。即清釐籍貫一事，亦謂宜崇寬大，未可操之太切，使人欲歸不得，欲留不許，進退獲尤，非盛朝宏採庶士之誼。

譯文

國家的體制應當注重掌握大計，不宜在小處頻繁設置網羅，逮住別人的過失。即就清理籍貫一事而言，也應該推崇寬大的政策，不可操之太切，使人歸留都不得許可，進退都獲咎，這不是興旺王朝對待普通士人的做法。

評點

治理國家，當持大端，當取寬大，不宜過於苛嚴。這是由歷史證明的經驗。法家之所以不能長久，其失便在於『頻施周罔』。

原文　不收分外銀錢

國藩近況本窘迫，然際此歲年，即更得江浙試學差，尚忍於廉俸之外絲毫有所取耶？外顧斯民，內顧身累，雖同一無可奈何，然當此之時，區區身家之困窮，奚足言哉？况困窮尚未甚耶！

譯文

我近來的經濟狀況是窘迫，但處在這樣的年月，即便再得一次江浙一帶的鄉試主考或學政之差，還能够忍心於養廉費與俸祿之外收取絲毫銀錢嗎？外看看百姓，內看看自家，雖然都無可奈何，但在目前的情況下，區區一家的窮困又算得什麼？何况窮困還不至於很厲害。

評點

翰林時期的曾氏，收入來源不多，家境並不寬餘，這是因爲翰林院清閒無實權，翰林的額外收入主要靠外放主考或學差，憑此差事可以收取廉俸之外的銀錢。曾氏認爲，當此國困民窮的時期，若自己即便放差江浙富裕之地，也不應收分外之銀錢。

原文　三大患

國藩嘗私慮以爲天下有三大患，一曰人才，二曰財用，三曰兵力。

譯文

我曾私下考慮到天下有三大憂患，一爲人才，一爲財用，一爲兵力。

評點

曾氏的私下憂慮，後來公開地向咸豐皇帝陳述。道光三十年三月，他在《應詔陳言疏》中說：『今日所當講求者，惟在用人一端耳。』又說：『將來一有艱巨，國家必有乏才之患。』咸豐元年三月，他在《議汰名疏》中說：『臣竊維天下之大患，蓋有兩端：一曰國用不足，一曰兵伍不精。』國用即財用，故而他接下來說：『至於財用之不足，內外臣工，人人憂慮。』不久的事實便充分證明曾氏指出的這三點，正是當時最爲要緊的三大弊端。

原文　捐去陋僞

簪紱之榮，驕人之態，雖在不肖，猶能滌此腥穢。足下乃以銜版見投，毋乃細人視我而鄙爲不足深語，今亦不復相璧。但求捐此陋僞，而時以德言箴我，幸甚無量！

譯文

仗着高官的榮耀，露出驕人的態度，即便是我這樣的不肖者也能洗去這種惡習。你將我的信件再裝好寄回，豈不是以小人看待我，鄙視我不足以與你深談嗎？我現在也不把你的信退還，請去掉這種醜陋的虛僞，而時常以道德良言規勸我，那將是太好的事了。

評點

清代的習俗，對於達官貴人的來信要退回，意味我不敢收受你的信件。曾氏視此爲『陋僞』，勸友人今後再不要這樣做。

原文　亂世須用重典

方今之務，莫急於剿辦土匪一節。會匪、邪教、盜賊、痞棍數者，在在多有，或嘯聚山谷，糾結黨羽，地方官明明知之而不敢嚴辦者，其故何哉？蓋搜其巢穴，有拒捕之患；畏其夥黨，有報復之懼；上憲勘轉，有文書之煩；解犯往來，有需索之費。以此數者躊躇於心，是以隱忍不辦。幸其伏而未動，姑相安於無事而已。豈知一旦竊發，輒釀成巨案，劫獄戕官，即此伏而未動之土匪也。然後悔隱忍慈柔之過，不已晚哉？自粵匪滋事以來，各省莠民，常懷不肖之心，狡焉思犯上而作亂，一次不懲，則膽大藐法，二次不懲，則聚衆横行矣。

刻下所急，惟在練兵、除暴二事。練兵，則猶七年之病，求三年之艾；除暴，則藉一方之良，鋤一方之莠。故急急訪求各州縣公正紳耆，佐我不逮，先與以一書，然後剴切示諭之。

自知百無一能，聊貢此不敢畏死之身，以與城中父老，共此患難。

義不敢潛身顧私，以自鄰於退縮畏死者之所爲。

三四十年來，一種風氣，凡兇頑醜類，概優容而待以不死，自謂寬厚載福，而不知萬事墮壞於冥昧之中，浸漬以釀今日之流寇，豈復可暗弱寬縱，又令鼠子鋒起？

三四十年來，應殺不殺之人，充滿山谷，遂以釀成今日流寇之禍，豈復可姑息優容，養賊作子，重興萌蘖而貽大患乎？

二三十年來，應辦不辦之案，應殺不殺之人，充塞於郡縣山谷之間。民見夫命案、盜案之首犯，

皆得逍遥法外，固已藐視王章而弁髦官長矣。又見夫粵匪之横行，土匪之屢發，乃益囂然不靖，痞棍四出，劫搶風起，各霸一方，凌籍小民而魚肉之。鄙意以爲宜大加懲創，擇其殘害於鄉里者，重則處以斬梟，輕亦立斃杖下。戮其尤兇横者，而其黨始稍戢，誅其尤害民者，而良民始稍息。但求於孱弱之百姓少得安恬，即吾身得武健嚴酷之名，或有損於陰騭慈祥之説，亦不敢辭。

世風既薄，人人各挾不靖之志，平居造作謡言，幸四方有事而欲爲亂，稍待之以寬仁，愈囂然自肆，白晝劫掠都市，視官長蔑如也。不治以嚴刑峻法，則鼠子紛起，將來無復措手之處，是以壹意殘忍，冀回頹風於萬一。書生豈解好殺，要以時勢所迫，非是則無以鋤强暴而安我孱弱之民。

譯文

當今的要務，莫急於剿辦土匪一事。會黨、邪教、盜賊、痞棍等等，各地多有，或者嘯聚於山林之中，糾合結成黨羽，地方官明明知道而不敢嚴厲辦理，原因在哪裏呢？這是因爲搜查他們的巢穴，則有拒捕的擔心；害怕他們的同夥，則是恐懼於他們的報復；上司查勘，則有文書往返的麻煩；押解罪犯，則會有銀錢的開支。有這幾點在心裏考慮，於是隱瞞忍耐而不辦理。慶幸他們潛伏而未犯事，則姑且彼此相安無事。誰知一旦發作，輒釀成大案，那時的劫牢房殺官吏，就是現在潛伏未動的土匪。然而到時後悔隱忍仁慈的過失，不是已經晚了嗎？自從粵省匪徒鬧事以來，各省壞人常懷不測之心，狡詐地想着要犯上作亂，一次不懲辦，則膽大藐視法律，二次不懲辦，則聚衆横行霸道了。

眼下所急的，惟在練兵與除暴兩件事。練兵，則好比患了七年的老病，要求取長了三年的艾蒿；除暴，則是藉一方之良才，鋤一方之莠草。所以急切訪求各州縣的公正紳士耆宿，對我的能力所不及處予以幫助，先給各位一封信，然後再懇切地告諭大衆。

我自知百無一能，姑且貢獻這具不敢怕死的身軀，藉以與城中父老共度患難。

受道義責備不敢隱居山鄉祇顧一己之私，從而與畏縮怕死者的作爲相近。

三四十年來已形成一種風氣，凡是兇狠頑梗的壞人，一概優容對待不殺，自以爲是寬厚載福，而不知萬事都壞在不知不覺中，逐漸積纍而釀成今天的流寇，怎麼能再加以軟弱寬縱，又令鼠輩湧起呢？

三四十年來，應該誅殺却没有誅殺的人，充滿山林，於是釀成今日的流寇之禍，怎麼可以再姑息優容，養賊作子，重新生發新芽而貽下大患呢？

二三十年來，應該辦理而没有辦理的案件，應該誅殺而没有誅殺的人，充塞於府縣山林之中，百姓看到那些命案、盜案的首犯們都得以逍遥法外，已經是藐視王法而看不起官長了。現在又看到粵匪的横行霸道、土匪的屢屢鬧事，於是更加氣勢囂張，痞子四處活動，搶劫成風，各霸一方，欺凌百姓，將他們當作砧板上的魚肉看待。我的意思是應該大加懲處，選擇那些殘害鄉里者，重則殺頭示衆，輕則立即用棍子打死。殺戮那些特别兇惡横蠻的，他的黨羽便會稍稍收斂；誅殺那些特别危害民衆的，則良民纔可得到稍稍安息。但求孱弱的老百姓稍微得到一點安寧，即便我一人得嚴酷好用刑戮的名聲，或者招來有損於陰德與慈祥的指責，也不敢推辭。

世風既已澆薄，人人各自挾着不安寧的心願，平日裏製造謡言惑衆，僥幸四方鬧事而乘機作亂，稍稍以寬仁相待，則愈加囂張不已，大白天搶劫都市，無視官長的存在。若不以嚴刑峻法治理，則鼠輩群起，將來則找不到下手之處，於是一意孤行殘忍，希望能挽回頹風於萬分之一。哪裏是書生喜好殺人，的確是爲時勢所迫，不如此則無以鋤去强暴而安定我孱弱民衆。

評點

這幾段話均出自於咸豐二年十二月至咸豐三年二月間曾氏的書信。這些書信有的是致友人的私信，有的是致州縣官吏的公信。咸豐二年十二月，曾氏幾經思考後，終於奉旨出山，擔任湖南的團練大臣。當時的背景是，太平軍於五月間從廣西進入湖南，一路北上，七月抵達長沙城外，攻城八十多天未下，不得已放棄長沙，繞道益陽、岳州，大軍於十一月離開湖南佔領武漢。經過半年戰爭的破壞，舊秩序遭受致命衝擊，面臨着摇摇欲墜的形勢，各種舊秩序的反對者毫無顧忌地紛紛出動，湖南的局面尤其是鄉村的局面完全失控。處在這種形勢下，初出山的曾氏决心以申韓法家之術來整治社會，即嚴刑峻法，大開殺戒。即便由此招來指責，他亦在所不惜。所録的這幾段話説的都是這個大宗旨。

原文　痛恨不白不黑不痛不癢之風

二三十年來，士大夫習於優容苟安，揄修袂而養姁步，倡爲一種不白不黑不痛不癢之風，見有慷慨感激以鳴不平者，則相與議其後，以爲是不更事，輕淺而好自見。國藩昔厠六曹，目擊此等風味，蓋已痛恨刺骨。今年承乏團務，見一二當軸者，自藩彌善，深閉固拒，若惟恐人之攘臂而與其間也者。欲固執謙德，則於事無濟，而於心亦多不可耐，於是攘臂越俎誅斬匪徒，處分重案，不復以相關白。方今主憂國弱，僕以近臣而與聞四方之事，苟利民人，即先部治而後上聞。豈爲一己自專威福，所以尊朝廷也。

國藩從宦有年，飽閲京洛風塵，達官貴人，優容養望，與在下者軟熟和同之象，蓋已稔知之而慣嘗之。積不能平，乃變而爲慷慨激烈軒爽骯髒之一途，思欲稍易三四十年來不白不黑不痛不癢牢不可破之習而矯枉過正，或不免流於意氣之偏，以是屢蹈愆尤，叢譏取戾。而仁人君子，固不當責以中庸之道，且當憐其有所激而矯之之苦衷也。大局糜爛至此，志士仁人，又豈宜晏然袖視，坐聽狂賊之屠戮生靈，而不一省顧耶？

譯文

二三十年來，士大夫習慣於優裕苟且偷安，崇尚寬袍大袖而修養和悦舒緩的步履，提倡一種不白不黑不痛不癢的風氣，看到有慷慨激昂打抱不平的人，則互相議論於後，以爲這是不懂事輕薄疏淺而好表現。我先前任職六部，眼見這種風氣，已痛恨刺骨。今年辦理團練，看到一二個負重責者，自我防範甚嚴，深自封閉頑固拒絕他人，好像惟恐別人奮臂在他的轄地似的。儻若固執謙虛美德，則於事無補，而自己的心也多有不可忍耐，於是奮臂越俎代辦誅殺匪徒，處理重大案件，不再通告有關衙門。當今皇上憂愁國勢孱弱，我以天子近臣而參與地方之事，祇要於民衆有利，即先部署處治而後報告朝廷。哪裏是想自己一人專斷威福，是爲了尊重朝廷啊！

我做官多年，飽閲京城風俗，對於達官貴人過着優裕而培養聲望的日子，與下屬們和和氣氣拖成團的現象，已經很清楚並且經常體會到。長久的不平積於胸中，於是變而爲慷慨激烈軒昂剛直一路，想稍稍改變三四十年來不白不黑不痛不癢又牢不可破的習俗，於是矯枉過正，或者不免有些意氣用事，因爲此屢次招致罪責埋怨，以及譏諷謾罵。至於仁人君子，本不應該以中庸之道來責備，而且應當憐憫他是有所逼激而矯枉過正的苦衷。大局糜爛到這種地步，志士仁人又豈能安然袖手旁觀，坐視狂賊屠殺生靈而不一顧念呢？

評點

這兩段話都寫在咸豐三年十二月，一是寫給龍啓瑞的，一是寫給黄淳熙的。這年七月，曾氏離開長沙移署衡州府。爲什麽離開省城呢？原來，曾氏因行嚴刑峻法而與長沙文武官場不和，當時的湖南巡撫駱秉章又偏袒對方，令曾氏心中壓抑憤懣。剛到衡州府不久，曾氏給駱寫了一封信。信中説：

『侍今年在省所辦之事，强半皆侵官越俎之事。以爲苟利於國苟利於民，何嫌疑之可避，是以貿然爲之。自六月以來，外人咎我不應干預兵事。永順一案，竟難窮究。省中文武員弁皆知事涉兵者，侍不得過而問焉。此語揭破，侍雖欲竭盡心血，果何益乎？是以抽掣來此。』當時官場的風氣便是不白不黑不痛不癢，長沙作爲湖南的省會，此種風氣尤爲明顯，曾氏終於孤掌難鳴，遂避走衡州。然此心耿耿，這兩段話便是對朋友的內心發泄。

原文　無地方實權不能帶兵

『討賊則可，服官則不可』，義正辭嚴，何能更贊一語？惟今日受討賊之任者，不若地方官之確有憑藉。晉宋以後之都督三州、四州、六州、八州軍事者，必求領一州刺史。唐末之招討使、統軍使、團練使、防禦使、處置應援等使，遠不如節度使之得勢，皆以得治土地人民故也。

譯文

『討伐賊軍則可，做官則不可』，義正辭嚴，何能再説一句話呢？祇是今日接受討賊之任的人，不如地方官的確有依憑。晉、宋以後的統率三州、四州、六州、八州軍事者，必定請求擔任一州刺史。唐末的招討使、統軍使、團練使、防禦使、處置應援等使，遠不如節度使的得勢，都是因爲刺史、節度使直接治理土地人民的原故。

評點

這是咸豐八年九月給胡林翼信中的一段話。這年七月，胡之老母病逝，胡辭職回原籍守喪。身任鄂撫之職的胡林翼關係重大，許多人都勸他奪情起復，曾氏更是盼望胡早日回任。胡回信給曾，説『討賊則可，服官則不可』。針對這兩句話，曾氏發表了自己的看法，認爲若不任實職，則討賊多受掣肘。曾氏引前史爲例，實際上吐的是自己的苦水。曾氏領軍多年，至今仍無地方實職，諸多不便。咸豐七年六月，在籍守制的曾氏，向朝廷講述他帶湘軍五年來的難處，最後總結爲：『以臣細察今日局勢，非位任巡撫有察吏之權者，決不能以治軍。』

原文　先亂是非而後政治顛倒

竊觀自古大亂之世，必先變亂是非，而後政治顛倒，災害從之。屈平之所以憤激沉身而不悔者，亦以當日是非淆亂爲至痛，故曰『蘭芷變而不芳，荃蕙化而爲茅』，又曰『固時俗之從流，又孰能無變化』，傷是非之日移日淆，而幾不能自主也。後世如漢、晉、唐、宋之末造，亦由朝廷之是非先紊，而後小人得志，君子有皇皇無依之象。推而至於一省之中，一軍之內，亦必是非不詭於正，而後其政績少有可觀。賞罰之任，視乎權位，有得行，有不得行。至於維持是非之公，則吾輩皆有不可辭之任，顧亭林先生所稱『匹夫與有責焉』者也。

譯文

我私下觀察自古來大亂之世，必定首先亂了是非，而後政治顛倒，災害跟從而來。屈原之所以因激憤投江而不後悔，也是以當時是非淆亂爲最大痛苦，故而說『蘭芷變得不芳香，荃蕙化爲茅草』，又說『時俗是隨從大流的，又怎能不變化』，哀傷是非一天天變化淆亂，自己幾乎不能做主。後世如漢、晉、唐、宋之末世，也是因爲朝廷的是非先混亂，而後小人得志，君子則有皇皇無依附的感覺。推而至於一省之中、一軍之内，也必定因是非不正，而後政績少有可觀。賞罰的執行，要看權與位，有的得以行，有的不得以行，至於維持是非的公道，則我們都有不可推卸的責任，這就是顧炎武所説的『匹夫有責』也。

評點

這是咸豐八年十一月寫給沈葆楨的信，此時沈在江西做廣信知府。沈能幹而性情狷介，與流俗不合。大約他向曾氏述説遭遇是非不公等等，曾氏遂寫了這樣一封談是非的信。信中所説大亂之世必先亂是非而後政治顛倒，的確乃不刊之論。這實際上是把亂的責任推到當政者身上。

原文　再次出山改變做法

國藩昔年鋭意討賊，思慮頗專，而事機未順，援助過少。拂亂之餘百務俱廢，接人應事恒多怠慢，公牘私書，或未酬答。坐是與時乖舛，動多齟齬。此次再赴軍中，銷除事求可功求成之宿見，虛與委

蛇，絶去町畦，無不覆之緘咨，無不批之稟牘，小物克勤，酬應少周，藉以稍息浮言。

譯文

我過去鋭意征討賊軍，思慮上頗爲專一，但事機不順，援助很少。不順心時百務俱廢，接人待物多有怠慢，公牘私函，有的也没酬答。因爲此而與時乖舛，動輒多齟齬。此次再次領軍，消除事情求辦好功業求獲得的成見，虛情假意應付，根除心中的芥蒂，没有不回覆的信件，没有不批答的稟牘，小事上都做到勤勉，應酬稍微周到，藉以略爲止息浮言閒語。

評點

曾氏領軍五年，挫折多多。咸豐七年二月回籍守父喪期間，痛定思痛，終於大悔大悟，其原因在過於剛直，過於操之急迫。咸豐八年六月再度出山時，遂一改舊習，着力在人事關係上下工夫。其好友歐陽兆熊稱他是從申韓之學變爲老莊之學。

原文　用人

取利多而民怨，參劾多而官誹，有以此見告者，非不當自省，但不宜以鬱畜心中耳。吾輩所慎之又慎者，祇在用人二字上，此外竟無可着力之處。古人云：『若從流俗毀譽上討消息，必至站脚不牢。』侍平日短處，亦祇是在毀譽上討消息，近則思在用人當否上討消息耳。

譯文

從百姓中獲取利益多則民衆怨恨，參劾別人多則官員誹謗，有將這方面消息來告知者，不是不應當自我反省，祇是不宜將鬱悶之情長留心中。我們慎之又慎的，祇在用人兩個字上，此外竟然没有可致力之處。古人説：『若是從流俗的毀與譽上來思考，必然會導致站不牢脚跟。』我平日裏的不足之處，也祇是在毀與譽上思考，近日則在用人當否上思考。

評點

凡做事的官員必定會招來指責，所以當有『不從流俗毀譽上討消息』的氣度，不過，做事的動機和目的都應當是正大光明的。這個宗旨明確之後，剩下第一須注意的便是用人。儻若用個歪嘴和尚唸經，再好的經書也會被他讀歪了。

原文　宦途人情薄如紙

宦途人情，薄本似紙，不獨蘇省爲然，即他省亦如出一轍，不獨節壽各例款爲然，即借出之項，賠出之款，一旦本官物故，便爾百呼罔應。

譯文

官場上的人情本來就像紙一樣的薄，不獨江蘇省這樣，即使別的省也一個樣，不獨過節祝壽各項例款是這樣，即使是借款賠款，一旦經手的官員去世，便隨之百呼不應。

評點

人情薄如紙，本是人世通例，然在官場上，這點尤爲明顯。這是因爲官場是通過權勢來運作利益的。此人聽從彼人，並非出自於情感上的敬或愛，而是由於利益的驅使，若彼人不能再給此人利益，此人也便不需再聽從彼人了。通常造成這種情形的出現，是因爲彼人權勢的失落。故而做官者一旦失去權勢，便立刻門前冷落車馬稀，乃是最正常不過的事了。

原文　人心日非吏治日壞

惟志所規，實不克踐，推之齊家、治身、讀書之道，何一不然？故弟近不課功效之多寡，但課每日之勤惰，來示企望鄙人於將來者，即以此語卜之。自揣此後更無可望，但當守一勤字以終吾身而已。至於千羊之裘，非一腋可成，大厦之傾，非一木可支，今人心日非，吏治日壞，軍興十年，而内外臣工惕厲悔禍者殆不多見，縱有大力匡持，尚恐瀾狂莫挽，況如弟之碌碌乎！

譯文

祇是心中所規劃的，實在是不能實現，推之於齊家、治身、讀書方面的道理，哪一樣不如此？故而我近來不去考查功效的多少，但考查每天的勤惰，來信對我將來的期望，也用這句話來預作安排。自我揣測以後更没有可指望的，祇是守定一個勤字以終生罷了。至於千張羊皮縫就的大袍，不是一個腋窩的羊皮所能成就的，一座大廈將要傾倒，不是一根木頭可以支撑的，現在人心日非，吏治日壞，戰爭爆發十年，而朝廷内外的官員警惕懺悔者不多見，縱有大力來扶持，尚且或許不能挽回狂瀾，何況像我這樣的碌碌無爲者呢！

評點

這是咸豐九年十二月寫給吴廷棟的一段話。吴是曾氏當年在京師時的好朋友，一起研習程朱理學。對這樣的老朋友，曾氏説的是推心置腹的話。曾氏認爲時局不可挽回，其原因是『人心日非，吏治日壞』。將人心與吏治聯繫起來考慮是很有道理的。儻若人心已非而吏治不壞的話，時局還是有指望的，因爲有好的管理者，混亂的秩序和綱紀還可以重新整治；若吏治一壞即管理者自身混亂的話，則天下就將大亂不已，要想再澄清，便衹有來一番徹底改造，也就是説整個的管理系統要全盤更換。

原文　屏去虚文力求實際

方今東南糜爛，時局多艱，吾輩當屏去虚文，力求實際，或者保全江西、兩湖，以爲規復三吴之本。整躬率屬，黜浮崇真，想閣下亦有同情也。

譯文

當今東南一帶已完全爛掉，時局多艱，我們應當去掉虚華形式，力求實際，或者可以保全江西及湖南湖北，作爲收復三吴的根本。整治自身率領部屬，罷除浮華崇尚本真，想必您對此亦有同感。

評點

咸豐十年閏三月，太平軍一舉蕩平江南大營，並乘勝連下丹陽、常州、無錫、蘇州、江陰等城市，這就是曾氏所説的『東南糜爛』。四月下旬，朝廷命曾氏署理兩江總督，迅速帶兵趕赴蘇南。五月中旬，曾氏寫信給湘軍水師統領楊岳斌，説他將要到水師去考察，『請閣下告誡各營，無迎接，無辦席，無放大砲，除黄石磯三五里外，上下游各營，均不必稟見』，接下來便有了上録的這段話。其要旨爲，時局艱難，當辦實事而力去虚文。

原文　寧取鄉氣不取官氣

求人之道，須如白圭之治生，如鷹隼之擊物，不得不休。又如蚨之有母，雉之有媒，以類相求，以氣相引，庶幾得一而可及其餘。大抵人才約有兩種，一種官氣較多，一種鄉氣較多。官氣多者，好講資格，好問樣子，辦事無驚世駭俗之象，語言無此防彼礙之弊。其失也，奄奄無氣，凡遇一事，但憑書辦、家人之口説出，憑文書寫出，不能身到、心到、口到、眼到，尤不能苦下身段，去事上體察一番。鄉氣多者，好逞才能，好出新樣，行事則知己不知人，語言則顧前不顧後。其失也，一事未成物議先騰。兩者之失，厥咎維均。人非大賢，亦斷難出此兩失之外。吾欲以勞苦忍辱四字教人，故且戒官氣而姑用鄉氣之人，必取遇事體察，身到、心到、口到、眼到者。趙廣漢好用新進少年，劉晏好用士人理財，竊願師之。

譯文

尋求人才的法則，必須像白圭的經商，像老鷹的奪物，不得到决不休止。又好比青蚨的有母，雉類的有雉媒，以類屬互相追求，以聲氣互相吸引，如此或許得一個而可旁及其餘。大抵人才有兩種類型，一種是官氣較多，一種是鄉氣較多。官氣多的，好講資格，好在乎表面模樣，辦事無驚世駭俗的表現，説話没有傷及别人的弊病。他的缺失，在於奄奄無氣，凡遇到一件事，僅憑秘書、家人的話爲定，依靠文書來辦公文，不能自己身到、心到、口到、眼到，尤其不能放下身段去喫苦，去爲此事體驗一番。鄉氣多者，好逞才能，好出新樣，做事則祇知道自己不顧别人，説話則顧前不顧後。其缺失在一事未成則外界的議論已蜂起。兩者在缺失上都差不多。人不是大賢，也絶對難出這兩個缺失之外。我希望以勞苦忍辱四個字教人，所以且戒官氣而姑且用鄉氣之人，必須用遇事能親身體察，能身到、心到、口到、眼到者。趙廣漢好用新進少年，劉晏好用士人理財，我願意師從他們。

評點

曾氏將人才分爲官氣與鄉氣兩大類。所謂官氣，即官場習氣。所謂鄉氣，即鄉野習氣。沾染官氣的人，雖有穩重、圓熟的優點，却有天生不願親身喫苦辦事的大缺點。曾氏組建湘軍，其目的在於辦實事，儘管鄉氣者也有許多缺點，却有肯任事的優點，故而他寧願用鄉氣者。

原文　在乎得人而不在乎得地

中興在乎得人，不在乎得地。漢遷許都而亡，晉遷金陵而存，拓拔遷雲中而興，遷洛陽而衰，唐明皇、德宗再遷而皆振，僖宗、昭宗再遷而遂滅，宋遷臨安而盛昌，金遷蔡州而淪胥。大抵有憂勤之君賢勞之臣，遷亦可保，不遷亦可保，無其君無其臣，遷亦可危，不遷亦可危。鄙人閱歷世變，但覺除得人以外，無一事可持。

譯文

中興在於得人，而不在於得地。東漢遷都許昌而亡，東晉遷都金陵而存，拓拔遷都雲中而興，遷都洛陽而衰，唐明皇、唐德宗兩次遷徙而都振興，唐僖宗、唐昭宗兩次遷徙而遭滅亡，南宋遷都臨安而盛昌，金遷都蔡州而淪亡。大抵有憂患勤政的君王賢良耐勞的大臣，遷都也可保全，不遷都也可保全，没有這樣的君這樣的臣，遷都也危險，不遷都也危險。我閱歷世變，祇覺得除得人之外，無任何一件事可以依恃。

評點

這是咸豐十一年正月，曾氏寫給方翊元的一段話。當時的情況是，因英法聯軍攻打北京，咸豐帝匆匆離京逃往承德避暑山莊。儘管此時英法軍隊已退出京城，但咸豐帝驚魂未定，仍不願回鑾。於是許多人建議遷都長安，方也持此説。曾氏不同意遷都，並歷數前代史實，來論證其『中興在乎得人，不在乎得地』的觀點。當然，後來並没有遷都，看來朝廷最高層也不同意遷都。

原文　天下事理皆成兩片

昔邵子將天下萬事萬理看成四片，近姚惜抱論古文之法，有陽剛、陰柔兩端。國藩亦看得天下萬事萬理皆成兩片，與友石所云『陽智陰智』殆有同符。第邵子四片之說，頗多安排附會，友石亦不免此弊。能進於自然，則幾矣。

譯文

從前邵雍先生將天下萬事萬理看成四片，近世姚鼐論古文之法有陽剛、陰柔兩端之說。國藩也認爲天下萬事萬物皆成兩片，與友石所說的『陽智陰智』略相符合。但邵雍先生的四片之說，較多附會，友石也不免有這樣的弊病。能够進到自然而然的地步，則差不多了。

評點

關於天下事理皆成兩片之說，曾氏道光二十五年給劉蓉的信中表述得較爲詳細：『天下之道，非兩不立，是以立天之道，曰陰與陽；立地之道，曰柔與剛；立人之道，曰仁與義。』其源則出於《易·繫辭》：『一陰一陽之謂道。』

原文　官府若不悔改則亂萌未息

干戈之後，自縉紳先生下逮廝役走卒，皆宜有怵惕創痛之意，以懲前而毖後。若仍酣歌恒舞，事過忘憂，漫無悔過之意，而各逞亡等之慾，則此間之亂萌，尚恐未能遽息。

譯文

戰爭爆發後，自官員到下面的辦事人員，都應該有遭受傷痛的恐懼感覺，藉以懲前毖後。假若依舊沉醉在歌舞升平中，事情一過則忘記憂慮，毫無悔過之心，而都沉溺於自我戕害的慾念中，那麼這裏的混亂迹象，恐怕未能很快息滅。

評點

爲什麼會有這場戰爭的爆發？關鍵的原因是社會上有一部分人無法正常生活下去，於是抱團揭竿起義。對於此，官府要負極大的責任。若官府在事過之後依舊醉生夢死毫無悔改之心，則混亂决不會止息。作爲官場中的一員，曾氏此種認識可謂難得。

原文　成敗無定

漢鼂錯建議削藩，厥後吴楚七國反，景帝誅錯而事以成；明齊泰、黄子澄建議削藩，厥後燕王南犯，建文誅齊、黄而事以敗。我朝米思翰等議削藩，厥後吴、耿三叛並起，聖祖不誅米思翰而事以成。此三案者最相類，或誅或宥，或成或敗，咸參差不一。士大夫處大事決大疑，但當熟思是非，不必泥於往事之成敗，以遷就一時之利害也。

唐昭宗以王室日卑，發憤欲討李茂貞，責宰相杜讓能專主兵事。杜讓能再三辭謝，言他日臣徒受鼂錯之誅，不能弭七國之禍。厥後李茂貞進逼興平，禁軍敗潰，京師大震。茂貞表請誅讓能。讓能曰：『臣固先言之矣。』上涕下不能禁，曰：『與卿訣矣。』是日貶讓能梧州刺史，尋賜自盡。斯則無故受誅，其差有甚於鼂錯、齊泰、黄子澄。昭宗既强之於前，復誅之於後，此所以爲亡國之君也。國藩在軍時，有一時與人定議，厥後挫敗，或少歸咎於人，不能無稍露於辭顏者，亦以見理未明之故耳。後唐潞王慮石敬瑭之將反，李崧、吕琦勸帝與契丹和親，薛文遇沮之。帝欲移石敬瑭鎮鄆州，文遇力贊成之。厥後敬瑭果反，引契丹大破唐兵，唐王見薛文遇曰：『我見此物肉顫，幾欲抽佩刀刺之。』大抵事敗而歸咎於謀主者，庸人之恒情也。

譯文

西漢鼂錯建議削減諸侯王國的封地，此後吴楚七國反叛，景帝殺鼂錯而叛亂平定。明代齊泰、黄子澄建議削減藩王封地，此後燕王南攻，建文帝誅齊、黄但失敗了。我朝米思翰等建議削去藩王封地，此後吴三桂、耿精忠等三個叛王並起，康熙不殺米思翰而叛亂平息。這三個案子最爲相似，或誅殺或寬宥，或成或敗，參差不一。士大夫處置大事，決釋大疑，衹應當仔細思考是非，不必拘泥往事的成與敗，從而遷就一時的利害。

唐昭宗鑒於王室日益卑弱，發憤想討伐李茂貞，責令宰相杜讓能專門主持軍事。杜讓能再三辭謝，說：『日後臣徒然遭受鼂錯那樣的誅殺，而不能消弭吴楚七國的禍亂。』此後李茂貞進逼興平，禁軍敗潰，京城大爲震動。李茂貞請皇上殺杜讓能。讓能說：『我確實早就説了。』皇上流淚不止，說：『與你永訣了！』這一天貶杜讓能爲梧州刺史，不久即命他自盡。這是無故受誅，他的冤屈又超過鼂錯、齊泰、黄子澄。唐昭宗既逞强於前，又誅殺於後，這就是他之所以爲亡國之君的緣故。我在軍中時，有時與人商定的決議，此後失敗或受挫，或許稍稍歸咎於別人，不能做到一點都不在辭色上表露出來，也是因爲見理不明徹的緣故。後唐潞王考慮石敬瑭將要反叛，李崧、吕琦勸皇上與契丹和親，薛文遇阻止。皇上想將石敬瑭調到鄆州，薛文遇極力贊成。此後石敬瑭果然反叛，引契丹兵大破唐兵。唐王見到薛文遇時說：『我看到此人肉發顫，幾乎想抽出佩刀刺他。』大抵事情失敗後而歸咎於主謀者，是平庸人的常情。

評點

這是曾氏的一則讀史筆記。謀劃一樁事，由主謀者提出方案，主事者最後拍板定奪。事有可能成，也有可能不成，無論成與不成，主要責任都應由主事者承擔。但古往今來，許多主事者，當事成時則將功勞歸於己，事敗則將責任推給主謀者。這種主事者乃庸人，漢景帝、明建文帝、唐昭宗、後唐潞王即此類庸人；相比之下，康熙則是明君。曾氏檢討自己在這點上也有不完美處。

原文　軍氣與將才

凡軍氣宜聚不宜散，宜憂危不宜悅豫。人多則悅豫，而氣漸散矣。營雖多，而可恃者，惟在一二營；人雖多，而可恃者，惟在一二人。如木然，根好株好，而後枝葉有所托；如屋然，柱好樑好，而後椽瓦有所麗。遇小敵時，則枝葉之茂，椽瓦之美，盡可了事；遇大敵時，全靠根株培得穩，柱樑立得固，斷不可徒靠人數之多，氣勢之盛。儻使根株不穩，柱樑不固，則一枝折而衆葉隨之，一瓦落而衆椽隨之，敗如山崩，潰如河決，人多而反以爲累矣。

凡將才有四大端，一曰知人善任，二曰善覘敵情，三曰臨陣膽識，四曰營務整齊。吾所見諸將，於三者略得梗概，至於善覘敵情，則絶無其人。古之覘敵者，不特知賊首之性情伎倆，而並知某賊與某賊不和，某賊與某僞主不協，今則不見此等好手矣。賢弟當於此四大端下工夫，而即以此四端察同寮及麾下之人才。第一、第二端，不可求之於弁目散勇中，第三、第四端，則末弁中亦未始無材也。

譯文

大凡軍中之氣宜聚合不宜流散，宜憂慮危懼不宜歡悅安逸。人一多則歡悅安逸，而氣便逐漸流散了。營雖多，而可依恃者祇在一二個營；人雖多，而可依恃者祇有一二個人。像樹木樣，根好幹好然後枝葉纔有所依托；像房屋樣，柱好樑好然後椽和瓦纔有所附麗。遇到小股敵人，則以茂盛的枝葉、完好的椽瓦便足可以了事；遇到大股敵人，則全靠根與幹培植得穩當，樑與柱立得堅固，絶不可祇靠人數之多，氣勢之盛。儻若根與幹不穩當，柱與樑不堅固，則一枝損折而衆葉隨折，一片瓦墜落而衆椽隨落，像山崩一樣地失敗，像河決一樣地潰流，人多則反以爲拖累了。

大凡將才有四個大的方面。一爲知人善任，二爲善察敵情，三爲臨陣有膽識，四爲營務整齊。我所見的各位將領，在其他三個方面略微懂得些梗概，至於善察敵情，則絶無其人。古時察看敵情的人，不但知道賊人頭領的性情才能，而且還知道某賊與某賊的不和，某賊與某主帥的不允協，現在却見不到這樣的好手了。賢弟應當在這四個大方面下工夫，即以這四點來端察同僚及部下中的人才。第一、第二兩點，不可以在軍中低級人員中求到，第三、第四兩點，則小頭目中也未嘗没有這種人才。

評點

這兩段話均出自咸豐七年十月二十七日給老九的家信。此時曾氏在原籍爲父親守喪。這年九月，老九赴江西吉安軍營。老九因不是朝廷官員，所以不必在家守喪三年。此信的要點便是此處所抄録的這兩段。前段談的是軍氣，即軍營中的氣氛。曾氏認爲，軍事乃肅殺之事，宜聚不宜散，宜憂不宜喜。聚則有力，散則鬆勁，憂則警惕，喜則大意。其實，不僅軍隊應如此，大凡擔當大任的團隊都應如此。後段說的是對將才的要求。曾氏一向極爲重視人才，戰亂時期最重要的人才便是將才。曾氏爲湘軍物色和提拔了一大批將才，這是湘軍成功的根本。從曾氏所列四點來看，似乎他本人更關注的是善覘敵情的人才，而當時湘軍各營所缺乏的也是這類人才。

原文　不宜以命諭衆

季弟言『出色之人，斷非有心所能做到』，此語確不可易。名位大小，萬般由命不由人，特父兄之家教，將帥之訓士，不能如此立言耳。季弟天分絶高，見道甚早，可喜可愛！然辦理營中小事，教訓弁勇，仍宜以勤字作主，不宜以命字諭衆。

譯文

季弟説『出色的人，絶對不是衹要有心就能做到的』，這話的確不可移易。名位的大小，萬般由命不由人，衹是父兄的家教，將帥的教訓士兵，不能這樣立言。季弟的天分特别高，領悟道理很早，可喜可愛！但辦理軍營中的小事，教訓下層士兵，依然應以勤字爲主，不應當以命字來告諭大衆。

評點

成就大事，靠的是天賦、勤奮與機遇，三者缺一不可。然天賦不可改變，機遇不可預測，勤奮纔是可由自己掌握的因素。所以，想要成大事，必須從勤奮始。但勤奮並非就一定能成就大事，這是因爲或許在天賦與機遇二者上有所缺失。父兄教子弟、領導訓部屬，衹能談人力所能做到的勤奮，若過早談論天賦與機遇，則很可能使子弟或部屬放棄勤奮，苟如此，則斷無成就可言。

原文　人力與天事

吾兄弟無功無能，俱統領萬衆，主持劫運，生死之早遲，冥冥者早已安排妥帖，斷非人謀計較所能及。祇要兩弟静守數日，則數省之安危，胥賴之矣。至囑至要！

凡辦大事，半由人力，半由天事。如此次安慶之守，濠深而墻堅，穩静而不懈，此人力也，其是否不至以一蟻潰堤，以一蠅玷圭，則天事也。各路之赴援，以多、鮑爲正援集賢之師，以成、胡爲後路纏護之兵，以朱、韋爲助守墻濠之軍，此人事也，其臨陣果否得手，能否不爲狗酋所算，能否不令狗酋逃遁，此天事也。吾輩但當盡人力之所能爲，而天事則聽之彼蒼而無所容心。弟於人力，頗能盡職，而每稱『擒殺狗酋』云云，則好代天作主張矣。

譯文

我們兄弟無功無能，却能統領萬衆，主持劫難時期的國運，生死之早與遲，冥冥者早已安排好了，絶對不是人謀所能及的。衹要兩位弟弟静守幾天，則幾個省的安危便全得依賴了。至囑至要！

凡是辦大事，一半由人力做主，一半由天事做主。比如這次安慶圍師的守住，濠溝深而圍墻堅，軍營穩静而不懈怠，這屬於人力。它是否不至於因一蟻之穴而潰堤，以一隻蒼蠅而玷污玉圭，則屬於天事。各路趕赴的援軍，以多隆阿、鮑超爲援救集賢關的正師，以成大吉、胡達軒爲後路護衛之師，以朱品隆、韋志俊爲助守墻濠之師，這些都是人事。至於他們臨陣能否得手，能否不爲陳玉成所算計，能不能不令陳玉成逃走，這些都是天事。我們衹應當盡人力之所能做的，而天事則聽之於天，自己不要存於心中。弟對於人力頗能盡職，但每每説『擒殺陳玉成』云云，則是喜好代天做主張了。

評點

世上的事，有小事、大事之分。小事，因爲簡單，因爲不與世間牽連，則可以由自己一人做主。大事，因爲複雜，因爲與世間多有牽連，自己一個人是不能完全做得主的。曾氏所説的『辦大事，半由人力，半由天事』説的便是這個意思。當然，『半』衹是個概數。有的大事，人力或許佔多半因素，天事祇佔少半因素；相反，有的大事則天事所佔的『半』又要多一些。

原文　招降及駕馭悍將

剿撫兼施之法，須在軍威大振之後。目下各路俱獲大捷，賊心極涣，本可廣爲招撫，第撫以收其頭目散其黨衆爲上；收其頭目，准其略帶黨衆百人爲次；收其頭目，准其帶所部二三千，如韋軍者爲又次；若准其仍帶全部，並盤踞一方，則爲下矣。

此輩暴戾險詐，最難馴馭。投誠六年，官至一品，而其黨衆尚不脱盜賊行徑。吾輩待之之法，有應寬者二，有應嚴者二。應寬者，一則銀錢慷慨大方，絶不計較，當充裕時，數十百萬，擲如糞土，當窮窘時，則解囊分潤，自甘困苦。一則不與爭功。遇有勝仗，以全功歸之，遇有保案，以優奬籠

之。應嚴者，一則禮文疏淡，往還宜稀，書牘宜簡，話不可多，情不可密；一則剖明是非，凡渠部弁勇，有與百姓爭訟，而適在吾輩轄境及來訴告者，必當剖决曲直，毫不假借，請其嚴切懲治。應寬者，利也，名也；應嚴者，禮也，義也。四者兼全，而手下又有强兵，則無不可相處之悍將矣。

譯文

剿滅與招撫兼施這種辦法，須在軍威大振之後纔能採取。眼下各路軍隊都獲大勝，敵之軍心極爲涣散，本可廣爲招撫，但招撫以收其頭目解散其同夥爲上；收其頭目，同意頭目略帶同夥百來人爲次；收其頭目，同意頭目帶領同夥二三千人，如同韋志俊那樣爲又次；若同意頭目仍帶領全部人馬，並盤據一方，則爲下了。

此等人暴戾險詐，最難駕馭。投降六年，官至一品，而他的同夥還不脱盜賊行徑。我們對待他的辦法，有應當寬宥的兩點，有應當嚴厲的兩點。應當寬宥的，一爲銀錢上慷慨大方，絶不計較，在銀錢充裕時，數十百萬，送給他如同擲糞土，在銀錢窮窘時，則拿出一部分分送，寧願自己困苦些。一爲不與他爭功。遇到和他一起打了勝仗，則將功勞全歸於他；遇有保舉時，以優厚的奬勵來籠絡他。應當嚴厲的，一爲禮儀上要疏淡，來往宜稀少，書牘宜簡單，話不可多，感情上不可親密；一爲剖明是非，凡是他軍隊中的下級官兵，有與老百姓發生糾紛，而又恰好在我們所管轄的地方以及有來訴告的，必定要剖决曲直，毫不留情，請他嚴加懲治。應當寬宥的是利與名，應當嚴厲的是禮與義。四者兼備，而手下又有强兵，則没有不能相處的驕悍將領。

評點

這兩段話均出自給帶兵東進南京的老九及季洪即國葆的家信，寫於同治元年四月間。前段談的是招撫敵軍的辦法，最忌的是全盤照收並予以立足之地。這樣做的後果，是讓投降者完整地保存實力，並能與地方保持聯繫，若一旦不合，最易再叛。後段話說的是一支降軍投誠後的狀況。這支降軍乃李世忠的部隊。李世忠原名李昭壽，河南固始人，咸豐三年在家鄉組織捻軍，後投降安徽皖南道員何桂珍。不久殺何復叛，參加太平軍。八年再降勝保，改名世忠，官至江南提督。李一貫橫行霸道，無法無天，光緒七年爲安徽巡撫裕祿捕殺。曾氏一向討厭李，這裏教老九待李的寬嚴之道，爲處上位者如何駕馭驕悍而又有能力的部屬提供借鑒。

原文　選將及將兵

大約選將以打仗堅忍爲第一義，而說話宜有條理，利心不可太濃，兩者亦第二義也。

凡善將兵者，日日申誡將領，訓練士卒，遇有戰陣小挫，則於其將領，責之戒之，甚者或殺之，或且泣且教，終日絮聒不休，正所以愛其部曲，保其本營之門面聲名也。不善將兵者，不責本營之將弁，而妒他軍之勝，己不求部下之自強，而但恭維上司、應酬朋輩以要求名譽，則計更左矣。

譯文

挑選將官，大致說來，以打仗堅忍爲第一義，而說話宜有條理，好利之心不可太濃，這兩點也是第二義。

大凡善於帶兵的，都會每天申誡將領，訓練士卒，遇有戰場上的小挫敗，則對他的將領責備訓斥，甚至殺頭，或者是邊哭邊教，一天到晚絮絮叨叨不止，這正是愛護他的部屬，保護他的軍營的門面名聲。不善於帶兵的，不責備本營的將士，而嫉妒他營的勝利，自己不求部下自強，而衹是恭維上司、應酬朋輩來邀名求譽，那麼這種想法就更離譜了。

評點

這兩段說的都是爲將者所應注意的，一是打仗要堅忍，二是說話要有條理，好利之心不可太濃厚。再就是要嚴責本營而不要去嫉妒別人。這幾點，應是針對當時湘軍以及其他作戰部隊將領們的普遍弱點而言的。

原文　氣斂局緊

凡用兵最重氣勢二字。此次弟以二萬人駐於該處，大不得勢。兵勇之力，須常留其有餘，乃能養其銳氣，縮地約守，亦所以蓄氣也。

既不能圍城賊，又不能破援賊，專圖自保，自以氣斂局緊爲妥，何必以多佔數里爲美哉？及今縮攏，少幾個當衝的營盤，每日少用幾千斤火藥，每夜少幾百人露立，亦是便益。氣斂局緊四字，凡用兵，處處皆然，不僅此次也。

譯文

凡用兵，最重的是氣勢兩個字。這一次弟以兩萬人駐於南京城外雨花臺，大不得勢。兵勇的力量，須得經常保留積餘，纔能養其鋭氣，緊縮所守的地盤，也就是爲了蓄氣。

既不能包圍城中的敵人，又不能攻破援救的敵軍，專門謀求自保，自以氣勢收斂局面緊縮爲妥，何必以多佔幾里爲好呢？現在趕快縮攏，減少幾個面臨衝要的營盤，每天少用幾千斤火藥，每夜少幾百個人露天站立，也是便益之事。氣斂局緊四個字，凡用兵打仗，則處處都如此，不僅是這一次。

評點

氣與勢是兩個既抽象又實在的字，一般人不大去想它用它，故而一般人都做不成大事。凡欲成大事者，必須琢磨透這兩個字。筆者喜歡思索這兩個字，但限於天分及閱歷，至今仍不能透悟。粗略地想，氣多指主體的精神狀態，勢則多指客體所形成的現實狀態；故氣要靠主體去培植，勢則要靠善於借取。這就是人們所常説的養氣與得勢。

原文　在人而不在器

制勝之道，實在人而不在器。鮑春霆並無洋槍洋藥，然亦屢當大敵。前年十月、去年六月，亦曾與忠酋接仗，未聞以無洋人軍火爲憾。和、張在金陵時，洋人軍器最多，而無救於十年三月之敗。弟若專從此等處用心，則風氣所趨，恐部下將士，人人有務外取巧之習，無反己守拙之道，或流於和、張之門徑而不自覺，不可不深思，不可不猛省。真美人不甚爭珠翠，真書家不甚爭筆墨，然則將士之真善戰者，豈必力爭洋槍洋藥乎？

譯文

制勝之道，確實在於人而不在於兵器。鮑超並無洋槍洋火藥，然而也屢次面對大股敵軍。前年十月、去年六月，也曾與李秀成接仗，並没有聽説以無洋人的軍火爲遺憾。和春、張國樑在南京時所擁有的洋人軍器最多，却不能挽救咸豐十年三月的失敗。弟若是專門從這方面去用心思，則風氣的發展下去，擔心部下將士，人人都會有用心於本業之外偷巧的習氣，没有反過來求於自身堅守樸拙實誠的正道，或許會走和、張一樣的路子而不自覺，不可不深思，不可不猛省。真正的美人不大爭珠玉翡翠，真正的書法家不大爭好筆好墨，而將士中真正善於打仗的，難道還有必要去力爭洋槍洋火藥嗎？

評點

制勝之道在人而不在器。這句話，自然是從整體上立論的。世間的事祇有人纔是決定的因素。這是放之四海置之千秋而皆準的真理。因爲即便是器，也是人所製造也要靠人去使用，何況兩軍對壘，一方擁有先進武器，也祇能一次取勝，却不能保證下次取勝。因爲下次另一方也很可能就擁有同樣的武器了。但在局部上，在某次戰役中，擁有先進武器的人，很可能就佔上風。正因爲此，曾氏和他的軍事同行們，在那個時代比其他所有人都重視器具。咸豐十年十一月，曾氏就向朝廷指出：『目前資夷力以助剿濟運，得紓一時之憂，將來師夷智以造砲製船，尤可期永遠之利。』洋務運動之所以由曾氏等人發軔，就因爲他們是當時的軍事統帥。

原文　審機審勢與審力

吾兄弟既誓拼命報國，無論如何勞苦，如何有功，約定終始不提一字，不誇一句，知不知一聽之人，順不順一聽之天而已。審機審勢，猶在其後，第一先貴審力。審力者，知己知彼之切實工夫也。弟當初以孤軍進雨花臺，於審力工夫微欠。自賊到後，一意苦守，其好處又全在審力二字，更望將此二字直做到底。古人云兵驕必敗，老子云兩軍相對哀者勝矣。不審力，則所謂驕也，審力而不自足，即老子所謂哀也。

譯文

我們兄弟既已發誓拼命報國，則無論如何勞苦，如何有功，互相約定始終不説一個字，不自我誇耀一句話，知與不知一概聽之於別人，順利與不順利一概聽之於天而已。審機審勢，還在之後，第一先貴在審力。審力，即知己知彼的切實工夫。弟當初以孤軍進駐雨花臺，在審力工夫上略有欠缺。自

從敵軍到後，一意苦守，其好處又完全用在審力工夫上，更希望將這兩個字一直做到底。古人説軍隊驕傲必定失敗，老子説兩軍相對有哀感的一方將會勝利。不審力，即所謂驕傲，審力而不自我滿足，即老子所説的哀。

評點

打仗須審機審勢，還須審力，曾氏認爲審力應在審機審勢之先。審力，即弄清楚敵我雙方的力量。老九以二萬兵力圍南京城，許多人都説他自不量力，曾氏也頗爲贊同此説。老九後來將兵力增至五萬，相對於九十里城墻的南京來説，也還是遠不够。但最終南京還是被老九拿下來了，這是機與勢所起作用的結果，即在同治三年六月那個時候，機與勢已十分有利於老九而不利於太平軍。

原文　全軍爲上

用兵之道，全軍爲上，保城池次之。弟自行默度，應如何而後保全本軍，如不退而後能全軍，不退可也，如必退而後能全軍，退可也。

譯文

用兵的原則，以保全軍隊爲上，保守城池爲次。弟自己默默地揣摩，應當怎樣做纔能保全自己的軍隊。如果不撤退而能保全軍隊，不退可以，如果必須撤退纔能保全軍隊，則退也可以。

評點

全軍爲上，這是一個很重要的軍事思想。有了軍隊，纔會有城池，若爲了一個城池而損失大量兵力，則城池雖得也必將於全局不利。這個道理說來容易，但臨事之際，有些將領却並不能清醒地認識到這一點。

原文　識主才輔人半天半

凡辦大事，以識爲主，以才爲輔；凡成大事，人謀居半，天意居半。往年攻安慶時，余告弟不必代天作主張。墻濠之堅，軍心之固，嚴斷接濟，痛剿援賊，此可以人謀主張者也。克城之遲速，殺賊之多寡，我軍士卒之病否，良將之有無損折，或添他軍來助圍師，或減圍師分援他處，或功隳於垂成，或無心而奏捷，此皆由天意主張者也。譬之場屋考試，文有理法才氣，詩不錯平仄擡頭，此人謀主張者也；主司之取舍，科名遲早，此天意主張者也。若恐天意難憑而廣許神願，若恐人謀未臧而多方設法，皆無識者之所爲。弟現急求克城，頗有代天主張之意，願弟常存畏天之念，而慎靜以綏圖之，則善耳。

譯文

凡辦大事，以見識爲主，以才能爲輔；凡成就大事，人的謀劃居半，天意居半。往年圍攻安慶城，我對弟說不必代天作主張。墻濠、軍心的堅固，嚴格斷絕接濟，痛剿來援敵軍，這些都可以由人的謀

劃來決定。攻克城池的遲與速，殺賊的多與少，我軍士卒的病與否，良將有無損折，或增添其他軍隊來幫助圍師，或減去一部分圍師分援他處，或功敗於垂成，或無心而獲得成功，這些都由天意來做主。好比科場中的考試，文章有章法才氣，詩的平仄擡頭等不出錯，這些是人的謀劃做主的。主考者取與不取，科名的遲與早，這是由天意做主的。若是擔心天意難於依靠而廣許神願，若是擔心人謀未成而多方設法，這都是無見識者的作爲。弟現在急於克城，頗有點代天做主的意思，但願弟常存畏懼天意之念而謹慎安靜從容圖謀，則好了。

評點

這段話中的兩個『凡』，可謂名言。後半部分人謀、天意各居其半的提法，前面已見過，前半部分的識主才輔的提法是新出現的。曾氏認爲，做大事，更重在見識上，才能尚在其次。曾氏的觀點很有道理。所謂大事，是指那些牽涉面寬、影響大、難度高的事情，辦這些事更需要卓越的見識。比如說，面臨一件大事，辦與不辦，便取決於見識；怎樣辦，難點在哪裏，辦的過程中需要解决哪些大的問題，這些所謂决策也都屬於見識範疇，比起具體的才能來，毫無疑問，它們更爲重要。

原文　但有志即可奬成

淮勇不足恃，余亦久聞此言，然物論悠悠，何足深信！所貴好而知其惡，惡而知其美。省三、琴軒均屬有志之士，未可厚非。申夫好作識微之論，而實不能平心細察。余所見將才傑出者極少，但有志氣，即可予以美名而奬成之。

譯文

淮軍不足以依靠，我也很早就聽到這種說法了，但社會上議論各種各樣，怎麽可以過分相信！值得貴重的是這樣的思維，即對之懷好感的要知道其中有醜惡，對之有惡感的也要知道其中有美好的一面。劉省三、潘琴軒都屬於有志之士，未可厚非。李申夫喜歡從細微處見大事，然而他其實不能以平允之心細察。我所見的將領，傑出者極少，衹要有志氣，即可以美名送他，以獎勸的辦法讓他有所成績。

評點

這是同治五年九月，寫給兩個兒子家信中的一段話。淮軍與湘軍比，有很多不同之處，主要表現在帶兵將領的文化修養上，兩軍差距較大。所以淮軍從建軍之初，便物論悠悠。這暫且不說。這段話有兩點值得重視，一爲『好而知其惡，惡而知其美』。這句話頗有點辯證意識，即看人看事不要絶對化。二爲『將才傑出者極少，但有志氣，即可予以美名而獎成之』。其實，豈祇軍事領域，各個領域都一樣，傑出者本都極少，故而當領導的不要衡人太高，若太高，則天下將無人才了，關鍵在於處上者的引導。曾氏身邊爲什麽人才那麽多，這應是其原因之一。

原文　驕惰最誤事

傲爲凶德，凡當大任者，皆以此字致於顛覆。用兵者最戒驕氣惰氣，做人之道，亦惟驕惰二字誤

事最甚。

譯文

驕傲是惡劣的習性，凡是擔當大任的，都因這個字而招致大失敗。用兵的人最要戒除驕氣惰氣，做人之道，也衹有驕惰兩個字最爲誤事。

評點

無論什麽人，無論做什麽事，驕、惰兩個字都是危害最大的。平常人、普通事，因爲其成也無過亮閃光，其挫也無過大損折，世恒忽視罷了；而帶兵之人、打仗之事則非比一般，因這兩個字所造成的後果也就非同小可了。

原文　主客正奇

凡用兵，主、客、奇、正，夫人而能言之，未必果能知之也。守城者爲主，攻者爲客；守營壘者爲主，攻者爲客；中途相遇，先至戰地者爲主，後至者爲客；兩軍相持，先吶喊放槍者爲客，後吶喊放槍者爲主；兩人持矛相格鬥，先動手戳第一下者爲客，後動手，即格開而戳者爲主。中間排隊迎敵爲正兵，左右兩邊旁抄出爲奇兵；屯宿重兵，堅紮老營，與賊相持者爲正兵，分出遊兵，飄忽無常，伺隙狙擊者爲奇兵；意有專向，吾所恃以禦寇者爲正兵，多張疑陣，示人不測者爲奇兵；旌旗鮮明，使敵不敢犯者爲正兵，羸馬疲卒，偃旗息鼓，本强而故示以弱者爲奇兵；建旗鳴鼓，屹然不輕動者爲

正兵，佯敗佯退，設伏而誘敵者爲奇兵。忽主忽客，忽正忽奇，變動無定時，轉移無定勢，能一一區而別之，則於用兵之道，思過半矣。

譯文

凡用兵，對於主、客、奇、正這些術語，人人都能説，但未必能真正知道。守城的爲主，攻城的爲客；守營壘的爲主，攻營壘的爲客；半路相逢，先到戰地的爲主，後到的爲客；兩軍相對，先吶喊放槍的爲客，後吶喊放槍的爲主；兩人持長矛格鬥，先動手戳第一下的爲客，後動手，即將對方長矛格開而再戳者爲主。正面排隊迎敵的爲正兵，左右兩邊從旁包抄的爲奇兵；安屯大隊人馬，紮下堅固指揮營盤，與敵人相對持的是正兵，分出一股遊動的兵，飄忽不定、伺機狙擊的爲奇兵；目標專一，我所賴以禦寇的爲正兵，張佈疑陣，讓人猜測的爲奇兵；旗幟鮮明，使敵人不敢侵犯的爲正兵，瘦馬疲卒，偃旗息鼓，本來强大却故意示以弱小的爲奇兵；插旗鳴鼓，屹然不輕動的爲正兵，假裝失敗撤退，設下埋伏而引誘敵人的爲奇兵。忽而爲主兵忽而爲客兵，忽而爲正兵忽而爲奇兵，變動無一定的時候，轉移無一定的形勢，能做到一一區別得宜，則於用兵之道，有多半的思考了。

評點

這是一段關於用兵的思索，具體思索的是主兵與客兵、正兵與奇兵之間的關係。重在『無定時』、『無定勢』，而依當時形勢而決定，若一味死守成法，則變爲書獃子打仗，必敗無疑。

原文　士氣的激勵

兵者，陰事也，哀慼之意，如臨親喪，肅敬之心，如承大祭，庶爲近之。今以羊牛犬豕而就屠烹，見其悲啼於割剥之頃，宛轉於刀俎之間，仁者將有所不忍，况以人命爲浪博輕擲之物！無論其敗喪也，即使幸勝，而死傷相望，斷頭洞胸，折臂失足，血肉狼藉，日陳吾前，哀矜之不遑，喜於何有？故軍中不宜有歡欣之象。有歡欣之象者，無論或爲和悦，或爲驕盈，終歸於敗而已矣。

田單之在即墨，將軍有死之心，士卒無生之氣，此所以破燕也。及其攻狄也，黄金橫帶而騁乎淄澠之間，有生之樂，無死之心，魯仲連策其必不勝。兵事之宜慘戚，不宜歡欣，亦明矣。嘉慶季年，名將楊遇春屢立戰功，嘗語人曰：『吾每臨陣，行間覺有熱風吹拂面上者，是日必敗；行間若有冷風，身體似不禁寒者，是日必勝。』斯亦肅殺之義也。

田單攻狄，魯仲連策其不能下，已而果三月不下。田單問之，仲連曰：『將軍在即墨，坐則織蕢，立則仗鍤，爲士卒倡，將軍有死之心，士卒無生之氣，聞君言，莫不揮涕奮臂而欲戰，此所以破燕也。當今將軍，東有夜邑之奉，西有淄上之娱，黄金橫帶而騁乎淄澠之間，有生之樂，無死之心，所以不勝也。』

余嘗深信仲連此語，以爲不刊論。同治三年，江寧克復後，余見湘軍將士驕盈娛樂，慮其不可復用，全行遣散歸農。至四年五月，余奉命至河南、山東剿捻，湘軍從者極少，專用安徽之淮勇。余見淮軍將士，雖有揮奮之氣，亦乏憂危之懷，竊用爲慮，恐其不能平賊。莊子云兩軍相對，哀者勝矣。

仲連所言以憂勤而勝，以娛樂而不勝，亦即孟子『生於憂患死於安樂』之旨也。其後余因疾病疏請退休，遂解兵柄，而合肥李相國卒用淮軍削平捻匪，蓋淮軍之氣尚鋭。憂危以感士卒之情，振奮以作三軍之氣，二者皆可致勝，在主帥相時而善用之已矣。余專主憂勤之説，殆知其一而不知其二也。聊志於此，以識吾見理之偏，亦見古人格言至論，不可舉一概百，言各有所當也。

譯文

打仗這種事屬於陰事，情緒哀慼，如同面臨親人的喪失，心懷肅敬，如同接受大型祭典，諸如此類氛圍較爲接近。現在牽出牛羊猪狗來宰殺燒煮，眼見它在被割肉剥皮時的悲啼，肉骨在刀俎之間移動，仁慈者都心裏有所不忍，何况以人命作爲隨便博擲的賭具！不要説失敗喪師，即使僥幸獲勝，眼看着傷者望着死者、砍掉頭顱洞穿胸膛、失掉手脚、血肉狼藉的情景天天擺在面前，哀痛還來不及，哪裏來的喜悦呢？故而軍隊中不宜有歡欣之現象。有歡欣之現象的，不管是和悦還是驕盈，到頭來終歸是失敗而已。

田單在即墨時，將軍有戰死的决心，士卒無生還的想法，這就是之所以攻破燕國的原因。到了他攻打狄國時，已經是腰佩黄金帶，遊走於淄澠之間，有生存於世上的享樂，没有死在戰場上的决心，魯仲連預計他必定不會勝利。用兵之事宜慘戚，不宜歡欣，這個道理通過田單的故事也就明白了。嘉慶末年，名將楊遇春屢立戰功。他曾經對别人説：『我每臨戰場，行走時覺得有熱風吹到臉上時，這一天必敗；行走時若有冷風，身上似有寒冷不止的感覺，這一天必勝。』這也是肅殺的意思。

田單攻打狄國時，魯仲連估計他打不下，後來果然三個月不能攻下城池。田單問他原因，魯仲連説：『您在即墨時，坐下來則編草筐，站起來則拿着鍤鏟土，以身作則。您有戰死的决心，士卒無生還的想法，聽您説話，莫不流淚揮臂而希望打仗。這就是爲什麽能攻破燕國的原因。而現在將軍您，東邊有夜邑的俸禄，西邊有淄上的娛樂，黄金做的帶子横在腰間，奔走於淄澠之間，有生存的享樂，無戰死的决心，所以不能獲勝。』

我深信魯仲連這番話，視爲不刊之論。同治三年，江寧城克復後，我見湘軍將士驕盈娛樂，擔心他們不可再用，全部遣散回到農村。到了同治四年五月，我奉命去河南、山東剿捻，湘軍跟從的極少，專用安徽的淮軍。我見淮軍將士，雖然有揮臂奮戰的氣概，但缺憂危的胸懷，暗地裏焦慮，擔心他們不能平定捻軍。莊子説兩軍相對，哀慼一方將獲勝。魯仲連所説的以憂勤而勝，以娛樂而不勝，也就是孟子所説的『生於憂患死於安樂』的旨意。以後我因病奏請退休，於是解除兵權，而合肥李鴻章相國終於用淮軍削平捻軍，這是因爲淮軍的士氣尚鋒利。用憂危來感動士卒的情懷，以振奮來鼓舞三軍的氣概，二者都可以致勝，在於主帥依時而善於運用。我專門主張憂勤之説，是僅知其一而不知其二。姑且記在這裏，以看出我見理的偏頗，也可見古人的格言至論，不可以一而概百，所言各有它的道理。

評點

這也是兩段對兵事思考的文字，載於曾氏全集中的《雜著》。曾氏很信奉老莊『哀兵必勝』的説法，認爲軍營中不能有欣悦歡豫的氣氛。打下南京的湘軍過於驕盈，曾氏全撤不用。他認爲淮軍也缺乏憂危意識，故而對淮軍平大亂也不太抱希望。他指揮淮軍與捻軍作戰，結果鎩羽而歸，但淮軍領袖李鴻章却最終靠這支隊伍平定捻亂。面對着這個事實，曾氏對自己的主張予以反思。反思使他進一步認識到，憂危可以感動士氣，振奮也可調動士氣，二者都可以致勝。顯然，李鴻章用的是『振奮』一條。拿什麽振奮？無非名利二字。雖然缺哀肅之氣，但用更大的名和利，仍然可以激勵軍營鬥志。筆者以爲，曾氏的認識到了這個地步，算是較爲全面了。回顧人類歷史上數不清的獲勝軍隊，其士氣的激發大致在兩個方面，一爲真理正義，一爲名利。前者可歸於『憂危』一類，後者可歸於『振奮』一類。

原文　威克厥愛

古人有言曰，作事威克厥愛，雖小必濟。婁敬所謂逆取順守，亦此意也。軍營用民夫，其先則廣取之，虐役之，其後則體恤必周，給錢必均，法可隨處變通，總須用人得當耳。

譯文

古人說過，做事嚴明勝過慈愛，雖小事也能辦成。婁敬所謂反向進取順向守護，也是這個意思。軍營用民夫，先是廣泛收取，勞作繁重地使用，之後則體恤一定要周到，給錢必定要均勻。法是可以隨處變通的，總在於用人的得當。

評點

曾氏的言談，絶大多數都立足於正道，很少涉及到權術。曾氏若是一個純粹的學者，可以專言正道而不言權術，但曾氏首先是一個政治家，其次是一個軍事統帥，最後纔是學者、詩文家，故而曾氏是决不能不講權術的。這一段便是說的權術：先威後恩。

原文　疆場磨煉豪傑

疆場之役，所以磨煉豪傑之資也，前代如王伯安、孫高陽，其初亦不過講求地利耳，其後遂爲儒將，豈不貴乎閱歷哉？

譯文

保境安民這類戰事，可以成爲磨煉豪傑的資歷，前代如王伯安、孫高陽，開始也不過祇是講求地利而已，以後成爲儒將，豈不是貴在閱歷嗎？

評點

湘軍籌建之初，包括曾氏在內一大批帶勇的營官哨官，都是未經兵火的書生，是兩軍對峙的實戰讓他們後來大半成了通曉軍事的將領。曾氏之所以敢於用書生帶兵，便是他相信實戰可以磨煉出豪傑。

原文　因量器使

帶勇之人，不苛求乎全材，宜因量以器使，然血性爲主，廉明爲用。三者缺一，若失輗軏，終不能行一步也。

譯文

帶領勇丁的人，不要苛求是全才，宜於因量器使，然血性爲主，廉明爲用。三者缺一，就像車輛失去控制的横木，最終不能行走一步。

評點

因量器使，是曾氏用人的一個重要觀點。所謂因量，即指依據對方所具備的長處；器使，即像使用器具一樣地發揮人的才幹。他在一則名爲《才用》的筆記中説：『雖有良藥，苟不當於病，不逮下品；雖有賢才，苟不適於用，不逮庸流。梁麗可以衝城，而不可以窒穴，犛牛不可以捕鼠，騏驥不可以守閭。千金之劍以之析薪，則不如斧，三代之鼎以之墾田，則不如耜。當其時當其事，則凡材亦奏神奇之效，否則鉏鋙而終無所成。故世不患無才，患用才者不能器使而適宜也。』這段話可爲各級領導者鑒。

原文　不用營兵鎮將

岳王復生，或可换孱兵之筋骨，孔子復生，難遽變營隊之習氣，雖語涉諧謔，實痛切之言也。今欲圖謀大局，萬衆一心，自須别開生面，嶄新日月，專用新招之勇，求忠義之士將之，不雜入營稍久之兵，不用守備以上之將。

國藩數年以來，痛恨軍營習氣，武弁自守備以上，無一人不喪盡天良，故決計不用營兵，不用鎮將。

譯文

岳飛復生，或許可以改换孱弱士卒的筋骨，孔子復生，却難以很快改變軍營中的習氣，這話雖近於諧謔，其實是痛切之言。當今要想圖謀大局，萬衆一心，自當别開生面，焕然一新，專用新招募的勇丁，尋求忠義之士統領，不混雜在軍營中待得稍久的人，不用守備以上的將官。

我數年以來就痛恨軍營習氣，武官自守備以上無一人不喪盡天良，故而決計不用營兵，不用鎮將。

評點

道光三十年三月，曾氏上疏咸豐帝，説今天的官場是京官退縮、瑣屑，外官敷衍、顢頇，『但求苟安無過，不求振作有爲，將來一有艱巨，國家必有乏才之患』。當時有這等清醒認識的高級官員，可謂鳳毛麟角。正因爲此，待到曾氏自己來辦事的時候，他文則少用朝廷命官，而大量啓用紳士委員，武則不用營兵鎮將，而重新招募鄉勇，尋覓將官，用他的話來説，即『另起爐竈』、『赤地新立』、『別開生面』等等。應該説，這是曾氏成功的一個關鍵原因。

原文　行軍禁止騷擾

家世寒素，深知一粒一絲之匪易。近年從事戎行，每駐紮之處，周歷城鄉，所見無不毀之屋，無不伐之樹，無不破之富家，無不欺之窮民。大抵受害於賊者十之七八，受害於兵者亦有二三，喟然私嘆行軍之害民一至此乎！故每與將官委員告戒，總以禁止騷擾爲第一義。雖行之未必有效，差幸與閣下來示意趣相同。

譯文

家世清貧卑微，深知一粒米一絲布來之不易。近年來從事軍務，每駐紮之處，四處查看城市鄉村，所見没有不遭毀壞的房屋，没有不遭砍伐的樹木，没有不破産的富家，没有不受欺負的窮人，大抵被賊人傷害的佔十之七八，被官兵傷害的也有十之二三，喟然感嘆戰爭傷害民衆到了這等地步！故而每每告誡將官委員，一定要以禁止騷擾民衆爲第一義。雖然執行上未必有效果，但慶幸與您來信中所説的意趣相同。

評點

曾氏農家出身，做了大官後非但不以自己家世寒素爲恥，反而念念不忘告誡子弟要保持寒士家風，做了軍事統帥之後，又由己及人，力誡將士不得擾民，部屬雖未必全聽，但約束與放縱所帶來的後果還是截然不同的。

原文　軍歌三首

一、陸軍得勝歌

三軍聽我苦口説，教你陸戰真秘訣。第一紮營要端詳，營盤選個好山岡。
不要低窪潮濕地，不要一坦太平洋。後有退步前有進，一半見面一半藏。
看定地方插標記，插起竹竿牽繩墻。繩子圍出三道圈，内圈略窄外圈寬。
六尺墻脚八尺壕，壕要築緊墻要牢。正墻高要七尺滿，子墻祇有一半高。
爛泥碎石不堅固，雨後倒塌一缸糟。一營祇開兩道門，門外逐驅閒雜人。
周圍挖些好茅厠，免得熱天臭氣熏。三里以外把個卡，日日守卡夜夜巡。
第二打仗要細思，出隊要分三大支。中間一支且紮住，左右兩支先出去。
另把一支打接應，再要一支埋伏定。隊伍排在山坡上，營官四處好瞭望。
看他那邊是來路，看他那邊是去向。看他那路有埋伏，看他那路有强將。
那處來的真賊頭，那邊做的假模樣。件件看清件件説，説得人人都膽壯。

他吶喊來我不喊，他放槍來我不放。他若撲來我不動，待他疲了再接仗。
起手要陰後要陽，出隊要弱收隊强。初交手時如老鼠，越打越强如老虎。
打散賊匪四山逃，追賊專從兩邊抄。逢屋逢山搜埋伏，隊伍切莫亂分毫。
第三行路要分班，各營隊伍莫亂參。四六隊伍走前後，鍋帳擔子走中間。
不許争先太擁擠，不許落後太孤單。選個探馬向前探，要選明白真好漢。
每日先走二十里，一步一步仔細看。遇着樹木探村莊，遇着河水探橋樑。
遇着岔路探埋伏，左邊右邊都要防。遇着賊匪來迎敵，飛馬回報不要忙。
看定地勢並虛實，遲報一刻也不妨。前有探馬走前站，後有將官押尾幫。
過了尾幫落後邊，插他耳箭打一千。
第四規矩要肅静，有禮有法有號令。哨官管兵莫太寬，營官也要嚴哨官。
出營歸營要告假，朔日望日要請安。若有公事穿衣服，大家出來站個班。
營門擺設杖和枷，閒人進來便鎖拿。不許吸煙並賭博，不許高聲大喧嘩。
姦淫擄掠定要斬，巡更傳令都要查。起更各哨就安排，傳齊夫勇點名來。
營官三夜點一次，哨官每夜點一回。任憑客到文書到，營門一閉總不開。
衣服裝扮要料峭，莫穿紅緑惹人笑。哨官不許穿長衣，兵勇不許穿軟料。
脚上草鞋緊緊穿，身上腰帶緊緊纏。頭上包布緊緊紮，英雄樣子都齊全。
第五軍器要整齊，各人製件好東西。雜木杆子溜溜圓，又光又硬又發綿。
常常在手摸得久，越摸越熟越值錢。錨頭衹要六寸長，要出楊家梨花槍。
大刀要輕腰刀重，快如閃電白如霜。槍砲鑽洗要乾净，鉛子個個要合膛。
生漆皮桶盛火藥，勤翻勤曬見太陽。鋤鍬钁子要粗大，斧頭要嵌三分鋼。
火球都要親手製，六分净硝四分磺。旗幟三月换一次，紅的印心白的鑲。
統領八面營官四，隊長一面哨官雙。樹樹摇出似飛虎，對對走出如鴛鴦。
第六兵勇要演操，清清静静莫號嘈。早習大刀並錨子，晚習扒墻並跳壕。
壕溝要跳八尺寬，墻子要扒七尺高。樹個靶子十丈遠，火球石子手中抛。
閒時尋個寬地方，又演跑隊又演槍。鳥槍手勁習個穩，擡槍眼力習個準。
灌起鉛子習打靶，翻山過水習跑馬。事事操習事事精，百戰百勝有名聲。
這個六條句句好，人人唱熟是秘寶。兵勇甘苦我盡知，生怕你們吃了虧。
仔細唱我得勝歌，保你福多又壽多。

二、愛民歌

三軍個個仔細聽，行軍先要愛百姓。賊匪害了百姓們，全靠官兵來救人。
百姓被賊吃了苦，全靠官兵來作主。第一紮營不要懶，莫走人家取門板。
莫拆民房搬磚石，莫踹禾苗壞田産。莫打民間鴨和鷄，莫借民間鍋和碗。
莫派民夫來挖壕，莫到民間去打館。築墻莫攔街前路，砍柴莫砍墳上樹。
挑水莫挑有魚塘，凡事都要讓一步。
第二行路要端詳，夜夜總要支帳房。莫進城市佔鋪店，莫向鄉間借村莊。

人有小事莫喧嘩，人不躲路莫擠他。無錢莫扯道邊菜，無錢莫吃便宜茶。
更有一句要緊書，切莫擄人當長夫。一人被擄挑擔去，一家啼哭不安居。
娘哭子來眼也腫，妻哭夫來淚也枯。從中地保又訛錢，分派各團並各都。
有夫派夫無派錢，牽了驢馬又牽猪。鷄飛狗走都嚇倒，塘裏嚇死幾條魚。
第三號令要嚴明，兵勇不許亂出營。走出營來就學壞，總是百姓來受害。
或走大家訛錢文，或走小家調婦人。邀些地痞做夥計，買些燒酒同喝醉。
逢着百姓就要打，遇着店家就發氣。可憐百姓打出血，吃了大虧不敢説。
生怕老將不自在，還要出錢去賠罪。要得百姓稍安静，先要兵勇聽號令。
陸軍不許亂出營，水軍不許岸上行。在家皆是做良民，出來當兵也是人。
官兵賊匪本不同，官兵是人賊是禽。官兵不搶賊匪搶，官兵不淫賊匪淫。
若是官兵也淫搶，便同賊匪一條心。官兵與賊不分明，到處傳出醜聲名。
百姓聽得就心酸，上司聽得皺眉尖。上司不肯發糧餉，百姓不肯賣米鹽。
愛民之軍處處喜，擾民之軍處處嫌。我的軍士跟我早，多年在外名聲好。
如今百姓更窮困，願我軍士聽教訓。軍士與民如一家，千記不可欺負他。
日日熟唱愛民歌，天和地和又人和。

三、解散歌

莫打鼓來莫打鑼，聽我唱個解散歌。如今賊多有緣故，大半都是擄進去。
擄了良民當長毛，個個心中都想逃。官兵若殺脅從人，可憐冤枉無處伸。
良民一朝被賊擄，吃盡千辛並萬苦。初擄進去就挑擔，板子打得皮肉爛。
又要煮飯又搬柴，上無衣服下無鞋。看看頭髮一寸長，就要逼他上戰場。
初上戰場眼哭腫，又羞又恨又懵懂。向前又怕官兵砍，退後又怕長毛斬。
一年兩載發更長，從此不敢回家鄉。一封家信無處寄，背地落淚想爺娘。
被擄太久家太貧，兒子餓死妻嫁人。半夜偷逃想回家，層層賊卡有盤查。
又怕官軍盤得緊，跪求饒命也不准。又怕團勇來訛錢，搶去衣服並盤纏。
種種苦情説不完，説起閻王也心酸。我今到處貼告示，凡是脅從皆免死。
第一不殺老和少，登時釋放給護照。第二不殺老長髮，一尺二尺皆遣發。
第三不殺面刺字，勸他用藥洗幾次。第四不殺打過仗，丢了軍器便釋放。
第五不殺做僞官，被脅受職也可寬。第六不殺舊官兵，被賊圍捉也原情。
第七不殺賊探子，也有愚民被驅使。第八不殺捆送人，也防鄉團捆難民。
人人不殺都膽壯，各各逃生尋去向。賊要聚來我要散，賊要擄來我要放。
每人給張免死牌，保你千妥又萬當。往年在家犯過罪，從今再不算前賬。
不許縣官問陳案，不許讎人告舊狀。一家骨肉再團圓，九重皇恩真浩蕩。
一言普告州和縣，再告兵勇與團練。若遇脅從難民歸，莫搶銀錢莫剥衣。

評點

這三首軍歌，用的都是通俗曉暢的白話，故不再翻譯，相信讀者都能看得懂。曾氏全集的《雜著》中收有他所寫的七首歌。其中《保守平安歌》三首，作於咸豐二年在家鄉守喪期間。這三首歌又分别名爲《莫逃走》《要齊心》《操武藝》，係爲身處戰亂中的湘鄉百姓所寫。另有《水師得勝歌》一首，作於咸豐五年江西南康水營，係爲水師將士所寫。另外三首即以上所抄録的《陸軍得勝歌》《愛民歌》與《解散歌》。《陸軍得勝歌》係於咸豐六年江西南昌爲陸軍將士而作，《愛民歌》係於咸豐八年江西建昌爲所有的朝廷官軍將士而作。《解散歌》，作於咸豐十一年安徽祁門大營，所針對者乃太平軍營壘中的人。這七首歌共同的特點是一看就明白，一聽就清楚，實際上不過是押韻的口語而已。這些七字一句的歌，看起來像詩，但曾氏不將它視爲詩，故而它不能編入詩文集，衹能列在雜著中。曾氏是個翰林，能寫典雅清麗的詩賦不足奇，但他却可以寫出這等下層人都能懂能誦的歌行，則令人驚奇。這事給筆者的第一感覺是，此老乃真正地進入了化境。惟有真入化境，方可出以自然。真正參透最高深道理的人，纔能以最平易的語言表達出來。我們讀《朱子語類》，那都是一些再實在不過，再淺顯不過的話，但它所要解釋的却又都是極深奥的大道理。又譬如《論語》《孟子》，個别的文字似乎有點難解，但在兩千年前的春秋戰國時代，那也都是婦孺皆懂的白話。曾氏能寫出這種歌行，這説明他真把書讀通了，真把人世間的道理悟透了，也真把文字的技巧發揮到家了。

其次，由此可以看出曾氏深知立軍的本質。人類社會爲什麽要有軍隊？將最精壯的勞力挑選出來，不事生産而靠人養着，這樣做，究竟是爲了什麽？這個問題看似簡單，實際上許多統治者却並不明

瞭。在他們眼裏，軍隊衹是奪取財産和權利的工具，是看護自家庭院的鷹犬。一個莊稼漢一旦丢掉農具換上軍裝，他們中的許多人也就自我迷失了，彷彿以血汗供養他們是天經地義的，而他們欺負供養者也是天經地義的。儘管歷來治軍者不乏明白人，也知道不能欺壓民衆的道理，但以軍歌的形式，將『軍民一家』的觀念牢牢地灌輸到每一個兵士的腦中心中，曾氏即便不是惟一者，也是對近代中國軍界影響最大者。

唐浩明評點曾國藩語錄

作　者：唐浩明
責任編輯：曾德明
封面設計：胡　穎

岳麓書社出版發行
地址：湖南省長沙市愛民路47號
電話：0731—8885616（郵購）
郵編：410006
網址：www.yueluhistory.com
2008年12月第1版
2023年1月第12次印刷
印數：6201—6400
筒頁：210
ISBN 978-7-80761-118-9
定價：580.00圓
承印：金壇市古籍印刷廠
如有印裝質量問題，請与本社印務部聯繫　電話：0731—88884129

圖書在版編目(CIP)數據

唐浩明評點曾國藩語錄/唐浩明編撰.—長沙：岳麓書社.2008.12（2023.1重印）
ISBN 978-7-80761-118-9
Ⅰ.唐…　Ⅱ.唐…Ⅲ.曾國藩（1811~1872）—語錄
Ⅳ.Z425.2

中國版本圖書館CIP數據覈字（2008）第164459號

ISBN 978-7-80761-118-9
9 787807 611189 >
（全三冊）定價:580.00 圓